JN084457

大和の古墳を歩く

森下惠介

同成社

まえがき

大和は国のまほろば。

　3世紀後半から7世紀末までの約400年間、日本列島各地におびただしい数の古墳が築造された。今日全国に所在が確認される古墳は20万基近くあるという。かつての大和地域（今の奈良県）には大小およそ5900基の古墳が確認されており、名の知られた古墳の多くがこの地域に集中していると言ってもよい。まさに古墳のメッカともいうべき地域である。大和、奈良県の各地に所在する古墳は、我が国の国家成立の過程を示す歴史的記念物であることは多言を要しない。古墳はその大きさや形で政治・権力構造を示しており、古墳を知ることはその時代を知ることであり、特に古代の政権中枢が存在した大和や畿内の古墳は、その時代の特徴を最も明確に表しているともいえる。全国の古墳の「規範」になったともされるスタンダードな古墳を知れば、各地の古墳のあり方は理解しやすい。大和の地に関心をもち、古墳を自分の足で訪ね、自分の目で見てみたいという方々のために、特色があって、見学可能な古墳を選び、ウォーキングを兼ねて古墳見学ができるよう、微力ながらも、大和の古墳を一冊にまとめてみた。古代史の中心舞台であった大和の古墳は、関係資料も膨大で、一部の紹介に留まらざるを得なかった点もあるが、一冊でそのアウトラインを知るには、至便かと思う。

　この本を案内者として、「百聞は一見に如かず」、多くの方々に実際に大和の古墳を訪ねていただき、日本古代史や文化財の保護など、古墳をめぐる諸問題について、いろいろと考えてもらうきっかけになれば、幸いである。

著者記

カバー写真：**三輪山と箸墓古墳**（梅原章一撮影）

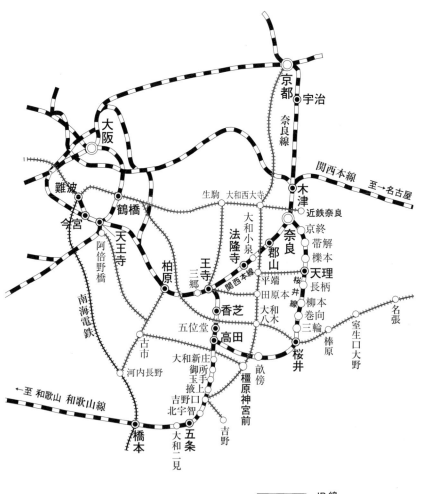

関係する鉄道路線図

JR 線

近鉄（近畿日本鉄道）

目　　　次

はじめに

1.　古墳とはなにか？

　古墳とは、「土を盛った古い墓」。我が国では、3世紀の後半から7世紀にかけて、必要以上の土を盛り、墳丘をもつ墓が営まれた。奈良県内にはおよそ5900基の古墳が残されているのであるが、後世に削平され、発掘調査によって新たに発見されるものも数多い。土を盛った墓、墳丘墓は弥生時代からあるのだが、全国各地にきわめて大きな墳丘をもつ墓がいっせいに現れ、墳丘の形、埋葬施設や副葬品に共通性と階層性をみせる時代が古墳時代と呼ばれる。古墳は「見せる」ための墳墓で、政治的なモニュメント（記念物）であり、当時の政治や社会を最もよく表しているのが古墳で、この時代を特徴づけるのが古墳なのである。今からみればやたらと「無駄」に大きく立派な墓を造ることに意味があった時代であり、墓づくりに熱中した時代ともいえる。

　日本史の時期区分では、古墳時代は、稲作農耕が始まる弥生時代と律令をもとにした国の体制が整えられ、国家が成立した飛鳥・奈良時代との間とされ、政治的な権力が生まれ、古代王権が形づくられていった国家の形成期とされる。こうした国家の形成期に巨大な墳丘をもつ墳墓を造ることは、日本の古墳時代に限らず、世界各地でみられる現象でもある。

　我が国の古代王権が形づくられた時期、その中心舞台とされる大和にはどこにどのような古墳が営まれているのだろうか。

2.　さまざまな古墳

　初現期から前期の古墳　我が国の古墳時代に特徴的な前方後円墳や前方後方墳は弥生時代の円形墳丘墓や方形墳丘を囲む溝の一部が途切れた通路状のも

のから、突出部へと変化したものとする説が有力で、中・東部瀬戸内地方が前方後円墳・竪穴式石槨・埴輪の発生地、伊勢湾岸の東海地方が前方後方墳といった墳形の発生地として注目されている。3世紀後半頃になって、全長200mを超える大前方後円墳が、突然、大和東南部に出現する。その出現の過程は未だ不明な点も多いが、鏡・玉・剣の副葬、二重口縁の壺形土器・埴輪・葺石の使用、埋葬施設における朱の使用、石槨など、この段階でそれ以前の各地の墳墓がもっていた要素が統合され、共通した墓制成立の背景に政治連合、同盟を想定し、古墳こそが政治権力発生の象徴とみる説が有力である。

　その後も大和盆地には古墳時代前期とされる4世紀を通じ、大前方後円墳が続けて築かれているが、4世紀後半になると、盆地東南部（柳本古墳群・大和古墳群）から北部（佐紀古墳群）へと大前方後円墳の造営地が移り、埋葬施設にも石棺が使用されるようになる。埴輪も定型化し、蓋（きぬがさ）形や家形、盾形な

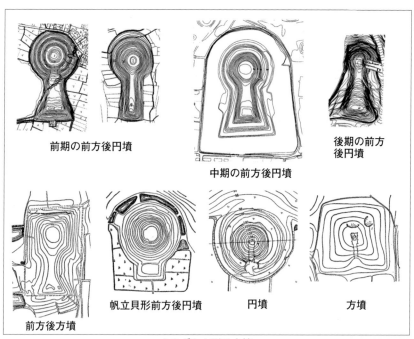

前期の前方後円墳

中期の前方後円墳

後期の前方後円墳

前方後方墳

帆立貝形前方後円墳

円墳

方墳

さまざまな形の古墳

どの形象埴輪が現れる。三角縁神獣鏡や画文帯神獣鏡などの中国鏡（舶載鏡）に替り国産鏡（仿製鏡・倭鏡）や腕輪形石製品（鍬形石、車輪石、石釧）など碧色の石でつくった碧玉製品が副葬されるようになり、竪穴式石槨の省略とも考えられる木棺を粘土で厚く覆った粘土槨もこの頃から現れる。

　また、大和以外の地域の古墳の中には大和の大前方後円古墳と同形（相似墳）で何分の一といった大きさに造られたものがあり、前方後円墳、前方後方墳、円墳、方墳などの古墳の墳形とその大きさには一定のきまり（規制）があったことも推測される。前期後半には九州地方から東北地方南部まで前方後円墳が造られているが、東日本では古い段階では、前方後方形墳丘墓の伝統を引く前方後方墳が多い。

　古墳時代前期の前方後円墳の特徴は前方部の幅が狭く、低いこととされ、埋

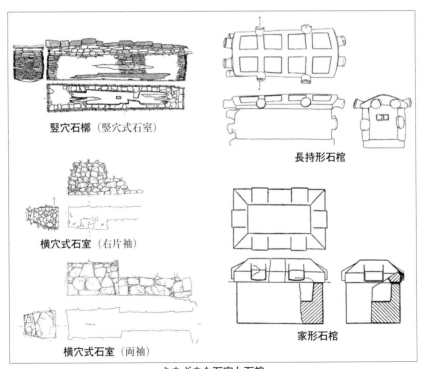

竪穴石槨（竪穴式石室）

長持形石棺

横穴式石室（右片袖）

家形石棺

横穴式石室（両袖）

さまざまな石室と石棺

葬施設（内部埋葬主体）は長い巨大なコウヤマキの丸太を刳り抜いた割竹形木棺を、板石を積み上げて覆った竪穴式石槨に納めたものが典型的だが、木棺を粘土で覆った粘土槨や木棺、割竹形石棺、舟形石棺などの刳抜式石棺を直接、土中に埋めるものも現れ、前期後半の大前方後円墳は、長持形石棺と呼ばれる組合せ式石棺の周りに板石を積み上げたやや幅広で短い竪穴石槨をもつようになる。

　中期の古墳　4世紀末から5世紀になると、巨大前方後円墳は、大阪平野南部（世界遺産に登録された古市古墳群・百舌鳥古墳群）に営まれている。全国的にも古墳は大型化し、大和盆地では佐紀古墳群東群や馬見古墳群などに中期の大型前方後円墳が営まれる。また都祁や宇智といった盆地部以外にも大型古墳が現れる。最も大型の古墳の墳形は前方後円墳であり、その時期、最大のものが最高の墓と考えるならば、隔絶した規模をもつ墳丘全長200m以上の前方後円墳は奈良、大阪に圧倒的に集中していることからも、古墳時代を通じて政治連合の中心であったのは、奈良盆地と大阪平野の勢力であったと言ってよいだろう。

　この時期は大和盆地でなく、大阪平野に当時最大の超巨大前方後円墳が営まれている。これについては、王権の河内への移動、交替を想定する説と対外政策重視に伴って、港湾をもつ大阪平野が王権の重要地となり、古墳が造営されたのであって、政権自体は継続しており、大王墓造営地の移動とみる説がある。中国の史書に登場する「倭の五王」の墓がこの大阪平野に営まれた巨大古墳の中に含まれるのは間違いないが、同時期の大和の佐紀古墳群東群や馬見古墳群もまた、王家の墓域であった可能性が考えられる。

　古墳時代中期の前方後円墳は前方部が大きくなり、高さも高く、後円部と前方部の境目のくびれ部付近に祭祀の場とされる突出した方形の土壇（造出し）が設けられるようにもなる。鉄製武器（剣、刀、槍、矛、鏃）や武具（甲冑）、鉄素材（鉄鋌）が大量に副葬され、巨大古墳には副葬品だけを納めたような陪冢も造られる。副葬品には馬具や金銅製装身具、朝鮮半島産の陶質土器など外来文物もあり、副葬品からみると、古墳の被葬者が前期には司祭者的

性格をうかがわせていたのに対し、中期には鉄器生産・馬生産や軍事力の増強を背景にした軍事指導者的性格が強まるともいえる。埴輪では水鳥形埴輪が現れ、人物埴輪や動物埴輪も古墳に並べられるようになり、外来の墓制である初期の横穴式石室もつくられるようになる。

古墳時代後期・終末期　古墳時代後期の6世紀になると、前方後円墳に全国的な統一性がなくなり、埴輪は小型化し、さらには埴輪、葺石も省略され、埋葬施設として横穴式石室が広く普及していく。6世紀後半には、全国的に密集した小型円墳が爆発的につくられ、丘陵地に横穴を掘った横穴墓も現れる。日本の古墳において数の上で大多数を占めているのは、この後期の小円墳である。「群集墳」と呼ばれ、この時期の古墳を造れる階層の拡大をものがたっている。群集墳の出現は豪族たちの連合政権であった大和政権のあり方が、前中期には古墳造営を認められた限られた勢力である豪族を介しての地域支配であったものが、より多くの人々、渡来人も含む新興勢力を取り込んで、古墳の造営を認めることで、直接支配する方法に変化していったことに関わるとみられている。群集墳には前中期の大前方後円墳に近接してその墓域が設定されているものもあり、擬制的な同祖、同族支配関係を表示している可能性も考えられている。

また、横穴式石室や横穴墓は、複数埋葬が可能な家族墓が多く、前中期の古墳が一人の被葬者のための墓であったことと大きく異なる。被葬者への供膳具とみられる須恵器が副葬されるようになり、死後の世界を信じる死生感の変化もうかがえる。金銅製耳飾（金環）や須恵器、鉄鏃などが副葬品として一般的な中で、金銅装大刀や装身具、金銅装馬具など豪華な副葬品をもつ横穴式石室は、その規模も大きく、刳抜式家形石棺を納める古墳が最高ランクといえる。武器、馬具をもつもの、鍛冶具や指輪、垂飾付耳飾、ミニチュア炊飯具など渡来系遺物をもつものなど副葬品には被葬者の性格も反映される。

大和では欽明天皇陵とみる説もある五条野丸山古墳（かつては見瀬丸山古墳と称した）や梅山古墳を最後に前方後円墳が姿を消し、大古墳には方墳が採用され、石舞台古墳のような巨石を使った巨石墳が営まれ、終末期の飛鳥時

代、7 世紀には、時代を象徴するモニュメント（記念物）は仏教寺院へと変化し、宮殿や寺院の造営にエネルギーが費やされる時代となる。

　7 世紀中頃には寺院造営技術を利用した切石積横穴式石室やブロック状の石材を積み、内部に漆喰を塗った磚積石室が造られ、7 世紀後半には切石で造った棺室（横口式石槨）に漆棺が納められ、7 世紀後半には王陵に八角形墳が用いられる。唐文化の影響を受け、壁画を描いた高松塚やキトラ古墳などの壁画古墳が古墳の最後を飾るが、これらは、もはや火葬墓とともに「律令的墳墓」と呼んでもよく、薄葬思想や仏教の浸透とともに、火葬が広がり、古代律令国家の成立とともに古墳は姿を消すこととなる。

3. こんなにおもしろい大和の古墳

　大和王権（倭王権）の政治中枢が存在した地と考えられる大和盆地東南部は出現期の古墳が集中する地域であり、纒向石塚古墳やホケノ山古墳といった前史を経て出現した箸墓古墳という大型前方後円墳が本格的な古墳と政治権力の発生との関わりを物語っている。その後、王墓とみられる西殿塚古墳、桜井茶臼山古墳、メスリ山古墳、行燈山古墳、渋谷向山古墳といった墳丘長 200 m を越える大前方後円墳は引き続き、この東南部に営まれているが、4 世紀後半になると、大前方後円墳は大和盆地の北端、奈良山の南麓の佐紀古墳群に営まれている。これは王権の交替を示すのであろうか、それとも王権の北方進出を示すのであろうか。この時期、宝来山古墳だけが佐紀古墳群から離れ、生駒越の古道沿いに営まれている。西に進むと、富雄谷に富雄丸山古墳、生駒谷に竹林寺古墳があり、河内への交通路を押さえるようにこれらの前期古墳が存在することは注目される。また、大和川水運を掌握するかのように盆地中央部に島の山古墳もこの時期に現れる。

　中期、5 世紀の大王陵とみられる列島最大の前方後円墳は大阪平野の古市・百舌鳥古墳群に営まれているが、大和では前代に引き続き佐紀古墳群（東群）や大和盆地西部の馬見古墳群に大型前方後円墳は営まれている。大王の后妃が

被葬者と伝えるものもあって、これらの古墳は古市・百舌鳥古墳群とはどのような関係にあるのだろうか。あるいは馬見古墳群は本当に葛城氏と関係するのだろうか。

　後期古墳の特徴は横穴式石室を備えることであるが、横穴式石室をもつ前方後円墳はやはり、上位に位置づけられ、後には方墳となる。大型石室の多い大和の古墳では、石室内部を見学できるものも数多いが、巨石を積み上げたもの、整備された切り石を積んだもの、あるいは7世紀となれば、すでに飛鳥時代。被葬者は『日本書紀』にその名があってもおかしくないといえよう。

　古墳を見ていると、このようにさまざまな思いが湧いてくる。数多い古墳をその立地や前後関係や並立関係など総合的にとらえれば、その古墳のもつ性格も明らかになり、古墳を資料として、大和政権の在り方についても考えることができるように思われる。

　古墳は、本来、「見る・見せる」装置であったことからも、古墳はともかく見なければ、始まらない。古墳についてのさまざまな疑問は、自らの足で歩いて、自分の目で見て考えることで、その解答が得られるのではないだろうか。

4.　古墳見学のポイント

　古墳は築造されてから長い年月の間に風雨にさらされ、草木が生え、崩れたり、耕作のために削られたりして、もとの形が残っているのは稀であり、私たちが現在、見ることのできる姿が本来の姿ではない。しかしながら、現地へ行き、注意深く観ることで、造られた当時のさまざまなことが判る。古墳見学の最適シーズンは秋・冬・春。夏期は整備された古墳以外は草も茂り、あまり適さない。

　(1) まず、全体を眺めてみよう

　　まず、少し離れたところから古墳全体を眺めてみよう。尾根の上、山裾、台地の上、平地、どんな地形に古墳は造られているだろう、付近に古くからの街道などは通っていないだろうか。古墳がモニュメントである以

上、陸路、水路など交通路から見えるというのは、古墳は見せるもので、古代の交通路の掌握を示している可能性もあって重要である。

(2) 古墳の形を確認しよう

　前方後円墳など大古墳は旧地形を利用して、削り出したり、土を盛ったりして造っている。ひとつの土盛だけなら円墳か方墳、大きな二つの土盛がつながっていれば、前方後円墳、前方後方墳、双円墳。円墳に小さな出っ張りがついていれば、帆立貝形の前方後円墳なのか、造出し付の円墳なのか、難しいところである。

(3) 周濠など墳丘周囲をみてみよう

　墳丘の周りには、濠はあるだろうか。池になっていたり、くぼ地になっていれば、すぐわかるが、埋めたてられていても、まわりの道や田んぼの区画、建物の並び方でその跡がたどれることもある。濠跡の周囲には外堤の高まりは残っていないだろうか。「陪冢（ばいちょう）」と呼ばれるような附属する小古墳が周りにはないだろうか。

(4) 古墳の周りを一周してみよう

　古墳の周囲を一周できれば、一巡りして墳丘全体を見てみよう。（大前方後円墳は一周するだけで大変だが…）。前方後円墳なら前方部前面の直線、前方部端からくびれ部へのライン、後円部の曲線が見どころになる。くびれ部付近に濠へ出っ張っている方形の土壇（造り出し）は無いだろうか。陵墓に治定されている古墳は墳丘内に立ち入れないので、残念ながらここまでになる。

　大きな前方後円墳は、引きが無くて、写真が撮りにくいが、濠の外、前方部端あたりから後円部までを収めた写真を撮って、満足しよう。（空からみれば、前方後円墳は美しいのだが、当時の人は空から眺められたのではない。）

(5) 墳丘に登って墳丘をみよう

　登るのが禁止されておらず、墳丘に登れる古墳は登ってみよう。前方後円墳はくびれ部から後円部に登るのが登りやすいが、小道がついていれば

道を登ろう。道以外のところを登ると、将来的に古墳の墳丘が崩れる原因ともなり、ヘビが出たりもするので、お勧めできない。（周濠跡の田畑や裾部付近の湿ったところにはマムシがいることもある。）

　　急斜面と平地、また急斜面と平地と続くと、これが段築。3段築成なら最上部までに二つの平担地が途中にある。登る途中に河原石などが転がっていれば、これは葺石。

(6) 後円部の観察と埋葬施設の推定

　　後円部に登ると、樹木が茂っていなければ、周囲の見晴しは抜群。特に平野部の眺望は古墳の被葬者の生前の支配範囲（古墳から見える範囲からは、その範囲から古墳も見える）を見るようで、感慨深い。後円部の墳頂は、わりに広く造られており、中心部には埋葬施設があるはず、盗掘され大きな穴が残っていることもある。板石が散乱していれば、竪穴式石槨の存在が想定される。墳丘が畑や果樹園で開墾されている場合、畑の石垣にこうした石材が利用されていることもある。墳頂付近に大きな石が露出していれば、横穴式石室の存在が推定され、石材がまったく認められない場合は木棺を粘土で覆った粘土槨であったのだろうか。

(5) 前方部の観察

　　後円部から前方部に降りていくと、前方部の形がよくわかる。前方部が直線的にのびるもの、三味線のバチ形に広がるもの、前方部の幅は新しいものほど広がり、後円部の直径より前方部の幅が広いものもある。くびれ部の造出しも、上から見ておこう。前方部の高さにも注意。一般的に新しいものほど、前方部が高くなり、「二子山」の名にふさわしい墳丘になっている。前方部にも埋葬施設がある場合もあり、墳丘から降りると、もう一度、古墳全体を眺めてみよう。

【見学上の注意】は「おわりに」に記したので、事前にあわせて読んでいただきたい。

I
大和東南部の古墳
⑴纏向古墳群・⑵大和古墳群・⑶柳本古墳群・
⑷桜井市南部の古墳・⑸忍坂と粟原谷の古墳

　大和の神奈備山、三輪山（標高467 m）の山麓に広がる国中（大和盆地）東南部は古代から安定した農業生産力を誇る地域であり、狭義の「倭」、「大和」は、この初瀬川流域の磯城郡の範囲とも考えられている。3世紀から4世紀前半、初期大和政権の発祥の地とされ、その王都ともみられる纏向遺跡と古墳時代初期から前期にかけての全長200 mを越す巨大前方後円墳の存在は、この地における政治権力の発生と古墳時代という時代の始まりを教えてくれる。また、桜井市の南部地域には古墳時代後期、6世紀から7世紀の王家や有力豪族層がその被葬者とみられる第一級の横穴式石室をもつ古墳が年代を追って造られており、石室内部の見学も比較的容易なものが多い。

箸墓古墳　纏向古墳群中最大の古墳で、魏志倭人伝に登場する卑弥呼の墓とする説もある。（本文6頁参照）

（1）纒向古墳群（箸中古墳群）

古墳とは、土を高く盛り上げた古代の墓であるが、この古墳が盛んにつくられ、古墳の造営という行為が社会の特徴とされる時代が古墳時代ということになる。現在、この古墳群中でも突出した大古墳である箸墓古墳（桜井市箸中）の出現をもって、古墳時代の始まりとみる研究者は多い。

纒向遺跡は三輪山北西麓の東西2㎞、南北1.5㎞に広がる古墳時代初期（3世紀初頭から4世紀前半）を中心にした大遺跡で、遺跡内に纒向石塚古墳などの初現期の墳丘墓（古墳？）が点在し、その南にホケノ山古墳、箸墓古墳（箸中山古墳）が営まれている。纒向遺跡から出土する土器は大和以外から持ち込まれた「搬入土器」の割合が約15％と高く、その出自は九州から東海、関東地方に及ぶ。農工具の出土が少なく、一般的な集落遺跡とは異なり、我が国最初の都市であり、初期大和政権の「都宮」とみる説がある。2009年には、纒向遺跡の辻地区から3世紀前半の柵列で囲まれた東西に軸を揃えた巨大建物群が発見され、中心居館（王宮、宮殿？）ともみられている。聖なる三輪山の山麓、巻向川以南には前期古墳はいまのところ、確認されておらず、茅原大塚古墳など三輪にかけて、点在する中後期古墳は、王権に代って三輪山祭祀に携わった三輪君との関わりも推定されている。

●纒向古墳群探訪コース

JR巻向駅→纒向石塚古墳→纒向勝山古墳→纒向矢塚古墳→東田大塚古墳→珠城山古墳群→ホケノ山古墳→箸墓古墳→茅原大塚古墳→茅原狐塚古墳→〈桜井市埋蔵文化財センター〉→〈大神神社〉→JR三輪駅

纒向古墳群

　JR 巻向駅を下車すると、すでに纒向遺跡の中。西へ歩くと纒向小学校がある。学校の東側に纒向石塚古墳、北側に纒向勝山古墳、西側に纒向矢塚古墳（国史跡）がある。纒向遺跡の出土遺物等の展示公開は桜井市立埋蔵文化財センターで行っている。

　纒向石塚古墳　纒向古墳群の中で最も早く築造された可能性をもつ。全長約 96 m、後円部が楕円形で小さな前方部がバチ形に開く。全長：後円部径：前方部長の比率が 3：2：1 の比率をもつ「纒向型前方後円墳」の典型例とされる。石塚という名でありながらも、葺石や埴輪などは確認できない。

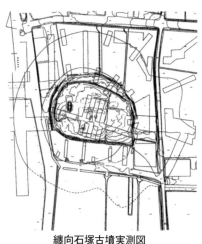

纒向石塚古墳実測図
（以下「実測」の表記は省略）

周濠（壕）から鶏形木製品、弧文円板などが出土している。墳丘は太平洋戦争中の高射砲陣地の築造で削平が著しい。出土土器には時間幅があり、築造時期は3世紀前半と3世紀中頃～後半に意見が分かれる。

纒向勝山古墳　全長が115mの前方後円墳。低くて長い前方部をもち、周濠から3世紀前半と後半とみられる土器が出土している。

纒向矢塚古墳　全長約96m。現状では前方部の存在がうかがえないが、発掘調査の結果、南西部で前方部が確認されており、3世紀中頃とみられる土器群が周濠から出土している。
矢塚古墳の南に東田大塚古墳（ひがいだおおつか）がある。

東田大塚古墳　前方部が長く、全長が120m。墳丘から大阪芝山産の安山岩板石が採集されており、竪穴石槨をもつ可能性がある。3世紀後半の築造とみられている。

　纒向小学校の北側の道を東へ歩くと、JR線路の手前が辻地区の中枢建物発見地。線路を渡り、「辻北」で国道を渡って進むと、道の北側に「垂仁天皇纒向珠城宮跡」の石碑が立つが、これはあくまで推定地であって遺跡が発見されているわけではない。さらに進むと、道沿いに珠城山古墳群（たまきやま）（国史跡）の解説板がある。

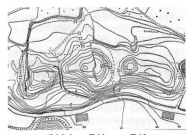
珠城山2号墳、1号墳

珠城山古墳群　丘陵上に後期（6世紀）の前方後円墳が3基並んでいたが、西端の3号墳は1950年代の相次ぐ土取りによって消滅し、1・2号墳のみが残っている。東端の1号墳は「珠城山古墳」とも呼ばれる全長50～55mの前方後円墳

で、後円部南側に片袖式の横穴式石室が開口している。石室からは、挂甲、
三葉環頭大刀、金銅製馬具、金銅製勾玉、銀製空玉、ガラス小玉、鉄鏃、ミ
ニチュア甑などの多様な副葬品が出土している。2号墳は3基の中で最大、全
長85mの前方後円墳だが、埋葬施設は明らかでない。現存しない3号墳は全
長50m前後の前方後円墳で、後円部と前方部に南に開口する横穴式石室をも
ち、後円部石室からは双鳳文の杏葉や忍冬唐草文の鏡板などを飾る精巧華麗な
金銅透彫り馬具が出土している。2号墳、1号墳、3号墳の順に造られたとみ
られ、3基の前方後円墳が裾を接し、連続して築造された例は珍しい。古墳群
の丘陵からは大和盆地の眺望も良い。

　道を「辻北」交差点手前まで戻り、国道手前の道を南へ行くと、ホケノ山古
墳（国史跡）の前に出る。

　ホケノ山古墳　全長約80m、後
円部径約60m、前方部の短い前方
後円墳。1999年から橿原考古学研
究所を中心とした発掘調査が行わ
れ、後円部中央で木槨の周囲に川原
石を積んで壁をつくり、木材で上部
を塞ぐ「石囲い木槨」とも呼ぶべ
き、前例のない埋葬施設が発見され
ている。木槨内部には長大なコウヤ
マキ製の舟形木棺を納めており、槨
の上部には穿孔した壺形土器が配列
されていたとみられる。完形で副葬
された画文帯同向式神獣鏡1面の
ほか、意図的に打ち割られた画文帯
神獣鏡、内行花文鏡などの破片、
多数の銅鏃、鉄鏃・刀剣類・工具類

ホケノ山古墳

ホケノ山古墳の埋葬施設

ホケノ山古墳

などの鉄製品が出土し、築造時期は箸墓古墳に先行する３世紀中頃とみられている。墳丘の段築、葺石、水銀朱の使用、礫石で厚く棺を覆って密封すること、神獣鏡の副葬など、その後の定型化した前方後円墳に引き継がれる要素がみられ、「古墳」の基本的諸条件は満たしている。ただ、特殊な埋葬施設など未定型な部分もあって、初源的、過度的な墳墓とも評価され、「古墳・古墳時代」の開始は墳丘の著しい大型化、竪穴石槨と長大な割竹形木棺、三角縁神獣鏡の副葬など画一的な墳墓祭祀の出現を待たねばならないとする意見もあって、ホケノ山古墳を「最古の古墳」とみるかどうかの論争は今も続く。また、この古墳の後円部南西には主体部の被葬者との系譜上の繋がりを主張するかのように、350年ほど後の６世紀末になって、組合せ式家形石棺を納めた全長 13.45 ｍの横穴式石室が造られている。

　ホケノ山古墳から南へ行き、国津神社の前から JR 線路を渡ると、目の前の山が箸墓古墳（箸中山古墳）である。

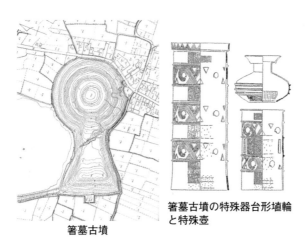

箸墓古墳

箸墓古墳の特殊器台形埴輪
と特殊壺

箸墓古墳　墳丘全長約 280 ｍの前方後円墳。倭迹迹日百襲姫命　大市墓に治定され、墳丘内には立ち入れないが、後円部は円形壇を含めて５段、前方部前面が４段に段築されており、前方部が撥形に大きく開くといった特徴をもっている。墳丘は葺石で覆われ、宮内庁の調査では、後円部墳頂付近で、弥生時代後期以来、葬送儀礼に用いた特殊壺や特殊器台、これを簡略化した円筒埴輪の起源となる特殊器台形埴輪（都月型円筒埴輪）、前方部墳頂付近からは、二重口縁の壺形埴輪が採集されており、築造時期は３世紀中頃か

ら後半と考えられている。箸墓古墳以前とみられる纒向石塚古墳など100ｍ前後の「纒向型前方後円墳」とは規模の上で格段の差があり、この箸墓古墳を最古の前方後円墳に位置づけ、その出現を大きな画期とみて、箸墓古墳以後を古墳時代とする説は有力である。

　この古墳を『魏志倭人伝』が伝える倭国の女王、「卑弥呼」の墓とみる説もある。箸墓古墳の後円部の直径は155ｍ、『魏志倭人伝』が記す卑弥呼の墓の大きさは、「百余歩」であり、魏・晋時代の一歩が約1.45ｍとすると、「百余歩」は後円部径と近い数値になるという指摘もあるのだが、はたしてどうだろうか。

　『日本書紀』には、この墓は「日<ruby>は<rt>ひる</rt></ruby>人作り、夜は神作る。大坂山の石を運びて造る。山より墓に至るまでに人民相つぎて、手<ruby>ご<rt>た</rt></ruby>ごしにして運ぶ」と記されおり、女性の墓と伝え、この古墳の造営のようすだけを記しているのも、興味深い。墳丘で見つかっている石材は大阪府柏原市芝山の橄<ruby>欖石<rt>かんらんせき</rt></ruby>安山岩や玄武岩とされ「大坂山」の石ではある。

　大前方後円古墳の出現の背景には、埋葬施設や副葬品といった文化の統合化とともに造営を可能にした政治権力の強大化があり、その出現は時代を区分する画期であることは確かである。

　箸墓古墳から引き返し、国津神社の東にある慶雲寺には弥勒菩薩を刻んだ石棺仏があり、本堂裏には、後期古墳、**慶雲寺裏古墳**の横穴式石室が開口している。纒向川を渡り、さらに南へ歩くと、<ruby>茅原大塚<rt>ちはらおおつか</rt></ruby>古墳（国史跡）がある。

茅原大塚古墳　全長86ｍの<ruby>帆立<rt>ほたて</rt></ruby><ruby>貝形<rt>がいかた</rt></ruby>前方後円墳で、築造は古墳時代中期の初め、4世紀末から5世紀初頭とみられている。2008年から2010年にかけて桜井市教育委員会によっ

茅原大塚古墳（北より）

茅原大塚古墳出土の盾持人埴輪

て範囲確認のための発掘調査が行われている。埋葬施設は板石等が見られず、粘土槨である可能性が高い。東側くびれ部からは盾形埴輪に人物の頭部だけを取り付けた盾持人埴輪（たてもちびと）が出土しており、この埴輪が現在のところ発見されている最古の盾持人埴輪となる。大和盆地東南部では数少ない中期古墳で、前期古墳が存在しない三輪山の山麓、初瀬川と巻向川に挟まれた聖地、三輪の「瑞垣（みずがき）」の内に最初に営まれた古墳とみられ、王権に替って三輪山祭祀を行うようになる三輪氏（三輪君）との関わりも推定される。古墳の外観がよく観察でき、墳丘上からは大和盆地の眺望が良い。

　茅原大塚古墳の東側の道を南に行くと、茅原の集落内に富士社・厳島社があり、集会所前に墳丘を失った**弁天社古墳**の横穴式石室が露出している。石室羨道部（せんどうぶ）に刳抜式家形石棺（くりぬきしきいえがたせっかん）があり、玄室内にも石棺片がある。

　集落を出ると、西方のJR桜井線線路脇に田圃に囲まれた果樹畑内に茅原狐塚古墳（きつねづか・ちはら）の大型横穴式石室が露出している。石室脇には農小屋が建てられており、畦道を通らないと古墳へは行けず、見学には十分な配慮が必要である。

茅原狐塚古墳　一辺40m前後の方墳。露出した横穴式石室は全長17.32mと県下でも有数の大石室で、水が溜り、石室内へは入れないが、奥壁側の石の隙間から石室内を覗くと、最奥部に納められた組合せ式の家形石棺を見ることができる。1956年に行われた大三輪町史編纂に伴う発

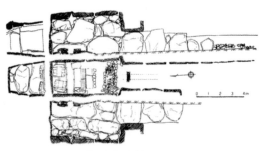

茅原狐塚古墳の石室

掘調査では、石室中央と入口付近で2組の石
棺の破片が発見されており、玄室には3つの
石棺が納められていたことがわかり、羨道部
からも木棺のものと思われる鉄釘が見つかっ
ている。石室の平面プランは水泥塚穴古墳
（水泥北古墳、御所市）と共通し、同じ工人
集団による築造とみられ、玄室左右の側壁石
材の形状や構築状態は、規模は異なるもの
の、五条野丸山古墳（橿原市）の石室との類
似も指摘されている。築造時期は石室のあり
方や副葬品から6世紀末～7世紀初とみら

茅原狐塚古墳石室内の石棺

れ、被葬者候補として、敏達天皇の寵臣で用明天皇元（586）年に物部守屋に
よって2人の子とともに殺害された三輪逆があげられている。

　南へ歩くと大神神社の参道。西へ行き、国道169号線沿いの芝運動公園に桜
井市埋蔵文化財センターがある。参道を東へ行けば、大神神社。JR三輪駅は
近い。

〈桜井市埋蔵文化財センター〉　桜井市の文化財保護、調査研究を行う施設
で、展示室を備える。常設展では旧石器時代から飛鳥奈良時代までの市内の遺
跡出土品が展示され、纒向遺跡コーナーや三輪山祭祀コーナーもあり、特別
展・企画展・速報展も開催されている。
（展示室有料、月曜火曜休館、9：00～16：30、0744-42-6005）

〈大神神社〉　「大神」と書いて「オオミワ」と読む。これは「ミワの神」が
古代大和における最も重要な神であったことを意味するとされる。大和国一
宮、三輪明神として今も大和一円の信仰を集める。祭神は大物主大神。神が
坐す三輪山を祀るため本殿は無く、拝殿（重要文化財）から三ッ鳥居を通し

JR三輪駅から見た三輪山

て、神の居処である山を拝する古い祭祀のあり方を今に伝えている。三輪山山内には磐座（いわくら）とされる巨石群が山頂に向かって連なり、山麓には祭祀遺跡が点在する。4世紀後半から5世紀後半にかけての山ノ神遺跡、6世紀の奥垣内遺跡や禁足地からの出土品が宝物収蔵庫（毎月1回、土曜・日曜・祝日開館）に展示されている。また、大直禰子神社（若宮）（おおたたねこ）は、もと神宮寺であった大御輪寺（だいごりんじ）で、その地下からは7世紀中頃の掘立柱建物が検出されており、三輪山の祭祀を司った三輪氏の居館跡である可能性も考えられている。

(2) 大和古墳群

　天理市萱生町から中山町一帯に所在する古墳群で、大和大国魂大神（大倭神）を祀る大和神社の宮郷でもある大和郷に広がる古墳群ということで、この名がつけられている。萱生古墳群とも呼ばれる。最近は、この大和古墳群や柳本古墳群、纒向古墳群など奈良盆地東南部の古墳群を総称して「オオヤマト古墳群」と呼ばれることもある。群中最大の西殿塚古墳は箸墓古墳に続いて築かれた３世紀後半の最古級の前方後円墳とみられている。主要な古墳に、前方後円墳15基、前方後方墳５基、円墳４基があって、その立地により、古代の上ッ道（上街道）沿いにある成願寺支群、北西の扇状地に広がる萱生支群、南西にのびる尾根上にある中山支群に分けることもできる。古墳時代前期初頭から前期前半（３世紀後半から４世紀前半）の古墳が集中しており、纒向古墳群に続いて営まれた古墳群で、大和古墳群の解明は大和政権の解明だともいえる。

```
───────────●大和古墳群探訪コース───────────
JR 長柄駅→大和神社・馬口山古墳→フサギ塚古墳・栗塚古墳→マバカ古墳→ヒエ
塚古墳・ノムギ古墳→波多子塚古墳→西山塚古墳→西ノ山古墳・下池山古墳→西殿
塚古墳・東殿塚古墳→燈籠山古墳・火矢塚古墳→中山大塚古墳→ JR 長柄駅
```

　大和神社とその周辺　JR 長柄駅から東へやや歩き、南に入ると、大和神社の本殿前に出る。境内にある**星塚古墳**は全長約60ｍの前方後方墳とされるが、長方形の台上に方墳を南北に繋いだような特異な墳形をもっている。大和神社の表参道の鳥居は古代の直線道路、上ッ道を踏襲する上街道に開いており、ここから南へ三輪まで、ほぼ直線でたどることができる。長谷詣、伊勢参りの街道として賑わった道でもある。『日本書紀』には壬申の乱（672 年）の際、三輪君高市麻呂と置始連菟が、上道の箸陵のもとに近江軍と戦って勝利した記事があり、７世紀には、この道が確実に存在していたことがわかる。参道入口の北側、この上街道に沿って馬口山古墳がある。

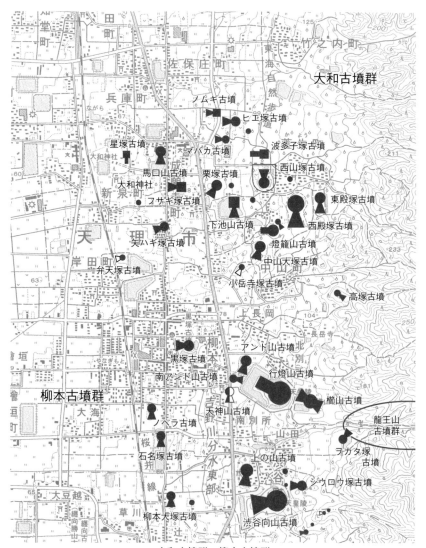

大和古墳群・柳本古墳群

　馬口山古墳　前方部を南に向けた全長約110mの前方後円墳で、前方部の東から南にかけて池があるが、これが周濠の痕跡なのかどうかは不明。墳丘上に玄武岩の板石がみられ、竪穴石槨の存在が推定される。埴輪の原形となる特殊器台片、特殊壺片が採集されており、築造時期は古墳時代前期の初頭、3世紀後半にまで遡る可能性がある。

　上街道を南に歩くと、道の西側に**平塚古墳**（円墳・径54m）、**矢ハギ塚古墳**（前方後円墳・全長120m）、**マトバ古墳**（円墳・径不明）、**弁天塚古墳**（前方後円墳・全長70m）などがあるが、これらは現在のところ、埋葬施設や築造時期をうかがわせる手がかりが無い。東へ歩くと、道の南側に**フサギ塚古墳**（前方後方墳・全長110m）が見える。低い前方部を西に向けている。国道169号線の大和神社前交差点の東南角にあるコンビニエンスストアの背後に見える果樹園が、**栗塚古墳**（前方後円墳・全長120m）。西南に向く前方部は明治以前にすでに失われている。

　大和神社前交差点から北へ県道天理環状線を歩き、次の萱生交差点の東にマバカ古墳があり、墳丘は道路で分断されている。

　マバカ古墳　全長約83mの前方後円墳とみられ、古墳時代前期前半、4世紀前半の築造とされる。墳丘上には安山岩の板石が見られ、竪穴石槨をもつ可能性が高い。県道建設に伴う発掘調査で前方部端の列石や墳丘裾のバラス敷と周濠ともみられる濠状区画が検出されている。また、県道の西側で行われた天理市教育委員会の発掘調査では、古墳時代前期前半の前方後方墳とみられる別の古墳の周濠が検出されており、マバカ西古墳と名づけられている。マバカ古墳脇には大和の名産、早生柿の主力品種「利根早生（とねわせ）」発祥の地の碑が建っている。

　さらに北へ歩くと、県道の東側にヒエ塚古墳、西側にノムギ古墳（いずれも国史跡）が前方部を西に向けて東西方向に並ぶ。ここから北は地形が低くなり谷になるため、天理市街南部の杣之内古墳群まで古墳は造られていない。

ヒエ塚古墳　全長130mの前方後円墳。幅4mほどの狭い周濠を備えることが、発掘調査で確認されている。墳丘は果樹園で変形しているが、箸墓古墳と同じように撥形に開く前方部をもつともみられ、埴輪が見られず、築造時期が前期初頭、3世紀後半まで遡る可能性がある。後円部に安山岩の板石が見られ、竪穴石槨をもつとみられている。

ノムギ古墳　全長63m以上の前方後方墳。墳丘は前方部が大きく削られており、後方部の周濠が発掘調査で確認されている。東側周濠埋土から古墳時代前期前半の土器類がまとまって出土しているが、北側周濠からはやや新しい前期後半に属する円筒埴輪やヒレ付円筒埴輪も出土しており、築造時期が今のところ確定しがたい。

　道を少し戻り、水路沿いに東に歩き、水路を渡ると、目の前に波多子塚古墳の後方部、北方に**クラ塚古墳**（円墳・径32m）が見える。

波多子塚古墳　全長140mの前方後方墳で、西へのびる堤状の細長い前方部をもっているが、周辺の耕作で墳丘が削られており、当初は今よりも幅の広い前方部をもっていたとみられる。周囲には台状の区画が残り、周濠の存在が発掘調査で確認されている。また、後方部の畑の石垣には安山岩や玄武岩の板石が見られ、埋葬施設は竪穴石槨とみられる。特殊器台形埴輪の他、朝顔形埴輪、ヒレ付円筒埴輪など初期埴輪も出土しており、前期前半、4世紀前半の築造が考えられている。

　波多子塚古墳から東へ行くと東海自然歩道「山辺の道」に出る。道標もよく整備された良いハイキングコースであり、日本最古の道と喧伝されるが、現在のルートが古代の道ということではない。道なりに南へ歩くと、五差路の南西に西山塚古墳がある。

西山塚古墳 大和古墳群の中で唯一、前方部を北に向ける大型前方後円墳で、墳丘全長114 m。周濠が溜池となっているが、本来は空壕とみられる。西南や西北部には外堤も残る。後期前半の埴輪片が採集されており、6世紀前半の築造とみられる。仁賢天皇の皇女で、継体天皇の皇后、欽明天皇の母である手白香皇女の 衾田 陵 は、現在治定されている西殿塚古墳よりも、時期的には、この古墳のほうがふさわしいとみられている。王権の連続性・正統性を主張するために、旧王朝の王女である手白香皇女の墓は、大和王権の始祖たちの墓域、大和古墳群に営まれたようだ。

萱生の集落内の天満神社の南には空路宮山古墳がある

空路宮山古墳 全長40～50 m、前方部を西に向けた前方後円墳で、横穴式石室をもつ後期古墳とみられる。この古墳を盟主とする横穴式石室をもつ群集墳が集落内にあったようで、狭義の「萱生千塚」はこの萱生の村中の後期古墳群をさす名でもある。

集落を出た太神宮燈籠のある辻を東に行けば、西殿塚古墳の前に出る。さらにブロック塀沿いに西へ集落をぬけると、道の北側に**西ノ山古墳**（円墳・径35 m）が見える。ミカン畑になっており、道の南側の池（下池）横の丘が下池山古墳（国史跡）。

下池山古墳 前方部を南に向けた全長約120 mの前方後方墳。東南と西側に溜池があるが、周濠との関わりは不明。1995・96年に発掘調査が実施され、後方部で、南北方向の長さ6.8 mの竪穴石槨が検出されている。石槨は大阪府柏原市の芝山産とみられる安山

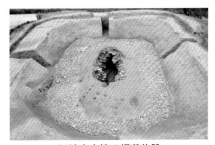

下池山古墳の埋葬施設

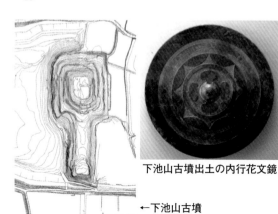

下池山古墳出土の内行花文鏡

←下池山古墳

岩や玄武岩の板石を小口積みで持ち送って合掌形に築き、コウヤマキの割竹形木棺を納めている。盗掘を受けていたが、ヒスイ製勾玉、碧玉製管玉、ガラス小玉、腕輪形石製品（石釧）片、鉄器片が出土している。また、石槨北西から発見さ

れた50cm四方の小石室からは、直径37.6cmの国産の大型内行花文鏡が出土し、鏡は「倭文」と呼ばれる国産の縞織物と真綿、毛織物からなる鏡袋に入れられ、さらに羅紗が内貼りされた漆箱（夾紵）箱に納められていたことが判明している。墳丘に葺石はあるが、埴輪は使用しておらず、造営時期は前期前半で、中山大塚古墳や西殿塚古墳に続く4世紀前半とみられる。

下池山古墳から「燈籠の辻」まで戻り、東へ道を登ると、西殿塚古墳の後円部の森が見え、その東側に東殿塚古墳がある。

西殿塚古墳

西殿塚古墳　大和古墳群中最大の規模（墳丘全長約230m）をもち、「大王墓クラス」とされるが、手白香皇女衾田陵に治定されており、墳丘内へは立ち入れない。測量図で見ると、後円部と前方部の頂に内部に埋葬施設が存在するとみられる方形壇があり、墳丘は東側が3段、西側は4段に築かれていることがわかる。宮内庁の調査で墳丘の各所から特

殊器台や特殊器台形埴輪、特殊壺形埴輪が採集されている。箸墓古墳と同じ
く、特殊器台と特殊器台形埴輪が共存しており、ここでは有段口縁をもつ円筒
埴輪の埴輪列の存在も推定される。箸墓古墳に続く前期初頭、3世紀後半の第
2代目の倭国王墓と考えられている。箸墓古墳と同じく、大阪芝山産の玄武岩
や安山岩の板石も確認されており、埋葬施設に竪穴石槨をもつ可能性が高い。

東殿塚古墳 西殿塚古墳の東側に並行して築かれており、長さ175mの長方形基底部上に前方部が長い前方後円形の墳丘（全長139m）が載る形状を呈している。後円部頂には安山岩や結晶片岩の板石が散布し、竪穴石槨の存在が推定される。前方部西側の発掘調査で

東殿塚古墳

東殿塚古墳出土の埴輪

検出された突出部には朝顔形埴輪やヒレ付円筒埴輪、楕円筒埴輪などが並べられ、底部穿孔の二重口縁壺と小型丸底鉢・小型器台や山陰、近江からの搬入土器が供献され、南端には葬送の船とみられる船3隻を線刻したヒレ付円筒埴輪が立てられていた。東殿塚古墳の埴輪は特殊器台の文様を受け継ぐ方形、三角形、巴形などの透し孔をもち、朝顔形埴輪など西殿塚古墳では見られない初期の埴輪もあり、西殿塚古墳に続く前期前半、4世紀初頭に築造されたとみられている。前方後円、前方後方と墳形の違いがあるが、波多子塚古墳と時期や前方部の形状に共通点がみられることも興味深い。東殿塚古墳、西殿塚古墳から南西に延びる丘陵上には、火矢塚古墳、燈籠山古墳、中山大塚古墳、小岳寺塚古墳の4基の前方後円墳が連なり、前方後方墳を含まず、前方後円墳だけで構成された大和古墳群の中の主系列の支群とみられている。

　道を引き返し、南へ歩くと、道は念仏寺中山墓地の中を通る。奈良盆地最大級の「郷墓（ごうばか）」とよばれる墓地で、墓地には貞和5（1349）年銘のある地蔵石仏など中世以来の石造物も数多い。

　燈籠山古墳・火矢塚古墳　燈籠山古墳（前方後円墳・全長110ｍ）は前方部を西に向けており、前方部は墓地となっている。前方部が細長い墳形は波多子塚古墳や東殿塚古墳のあり方とも類似する。果樹園となっている後円部東側に造り出しがあり、後円部には玄武岩や結晶片岩などの板石がみられ、竪穴石槨の存在が推定される。大阪・藤田美術館が所蔵する埴製枕は、明治29（1896）年に燈籠山古墳の前方部から出土したとみられており、築造時期は前期でも後半の可能性がある。後円部の東北に主軸を直交するように前方部を南に向けた火矢塚古墳（前方後円墳・全長50ｍ）があり、現在は果樹園となっているが、これも安山岩の板石の存在が確認されている。

　念仏寺前を南に行くと、東側が中山大塚古墳（国史跡）。前方部西端に大和神社の御旅所（おたびしょ）である大和稚宮神社（おおやまとわかみや）があり、大和神社の例祭「ちゃんちゃん祭り」の際に神輿はこの地に神幸（お渡り）する。墳丘は戦国時代には城郭としても利用されている。

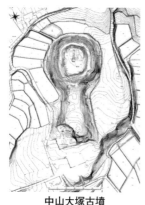

中山大塚古墳

　中山大塚古墳　前方部を南西に向けた全長約130ｍの前方後円墳で、1993・94年に発掘調査が実施されている。方形の後円部頂など城郭利用によって墳丘は改変を受けているが、後円部2段、前方部1段に築かれ、斜面と前方部上面には葺石を施す。後円部の北側に突出部があり、前方部西側にも三角形の張り出し部（造り出し？）をもっている。

　後円部頂で墳丘主軸に並行する長さ7.5ｍの竪穴石槨が検出されており、石槨は安山岩を小口積

みに強く持ち送って合掌形に築いている。石榔の石材は羽曳野市と太子町の間にある春日山付近のものとされる。石榔内は盗掘を受けており、副葬品は銅鏡片2点と鉄槍、鉄鏃の出土にとどまる。後円部頂から特殊器台、特殊器台形埴輪、特殊壺形埴輪、円筒埴輪、壺形埴輪、が出土している。箸墓古墳や西殿塚古墳と同じく、特殊器台とこれを簡略化した特殊器台形埴輪、円筒埴輪が共存し、これらを墳頂に限定して樹立するといった初期の様相を示すことから、前

中山大塚古墳の竪穴石榔

期前半でも中山大塚古墳を西殿塚古墳よりもやや古く位置づける考え方がある。

　大和神社の御旅所前にある中山観音堂から南に下る坂道沿いにある阿弥陀如来石仏は、凝灰岩板石を使用しており、後期古墳の石材転用の可能性をもっている。また、観音堂の西南には小岳寺塚古墳がある

　小岳寺塚古墳　全長50mの前方後円墳。中山支群の最西端に位置し、果樹園になっている。畑の石垣に大阪芝山の玄武岩板石が見られ、この古墳も埋葬施設は竪穴石榔と推定される。

　さらに西に歩き、国道169号線に出ると、「中山」のバス停がある。国道を渡り、上街道沿いの弁天塚古墳や矢ハギ塚古墳などを見ながらJR長柄駅に戻ることもできる。また、中山バス停の南約500mに柳本古墳群の黒塚古墳（国史跡）がある。

20

(3) 柳本古墳群

黒塚古墳の竪穴石槨と出土した銅鏡

柳本古墳群は大和古墳群と纒向古墳群との間にあって、宮内庁が崇神天皇陵と景行天皇陵に治定する2基の大前方後円墳とその周辺の中・小型前方後円墳によって構成されている。古墳時代前期（4世紀）の古墳の中で、圧倒的な規模を誇る行燈山古墳（崇神陵）と渋谷向山古墳（景行陵）は、大和古墳群の西殿塚古墳あるいは磐余の桜井茶臼山古墳、メスリ山古墳といった大王墓の系列にある古墳とみられている。

　柳本は織田信長の弟で、茶人として有名な織田有楽斎（織田長益）が1万石を五男の尚長に分与したことに始まる柳本藩織田家の陣屋町。柳本陣屋は現在の柳本小学校にあり、国内最多の33面もの三角縁神獣鏡が出土し全国にその名が知られるようになった。黒塚古墳（国史跡）もこの柳本陣屋内に含まれる。

●柳本古墳群探訪コース

JR柳本駅→黒塚古墳・〈黒塚古墳展示館〉→天神山古墳→行燈山古墳→櫛山古墳→龍王山古墳群→渋谷向山古墳・上の山古墳→柳本大塚古墳・石名塚古墳・ノベラ古墳→JR柳本駅　　　　　　　　　　　　　　　　　　（地図は12頁）

黒塚古墳　全長約130mの前方部を西に向けた前方後円墳で、戦国時代以来、城郭として使用され、天正5（1577）年、織田信長に背いた松永久秀の子、松永久通は「クロツカ砦」で楊本衆に攻められて自害している。江戸時代には

柳本陣屋内に取り込まれ、墳丘部分は後世の改変が著しい。段築の有無は不明、葺石や埴輪も確認されておらず、現在の古墳周囲の濠も築造当初まで遡るものかどうかわからない。後円部頂に底部穿孔の二重口縁壺（壺形埴輪）が並べられていたことが、かろうじて確認されている。

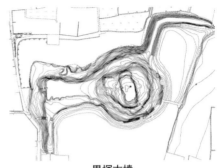

黒塚古墳

　1997年から行われた発掘調査により、後円部中央で南北方向の竪穴石槨が発見されている。石槨は長大で、長さ8.2 m。全国有数の石槨である。棺内に北枕で埋葬された被葬者の頭の上に画文帯神獣鏡１面を置き、鉄刀・鉄剣・鉄槍をコの字形になるように並べ、玉類などの装身具はみられない。棺外には棺の北半を取り巻くように鏡面を内側に向けた33面の三角縁神獣鏡と多数の刀剣類が並べられていた。鏡と武器で不祥を退けたのであろう。

　黒塚古墳から出土した三角縁神獣鏡は四神四獣鏡を主体とし、新しく位置づけられる三神三獣鏡を含まない古い特徴をもっており、28面については同一の鋳型（または原型）から作られた同型鏡（兄弟鏡）が全国の古墳から出土しているという。三角縁神獣鏡が

黒塚古墳出土の銅鏡

倭の女王卑弥呼が魏から授かった下賜用の鏡なのかどうかはともかく、同文、同型の鏡が複数存在するのが、この鏡の特徴で、中央から地方への配布、分与を想定する説は有名。古墳の築造時期は前期前半（4世紀初頭）とされ、行燈山古墳（崇神陵）よりも古く位置づけられている。

古墳の東側に天理市の黒塚古墳展示館がある。

〈黒塚古墳展示館〉　館内には実物大の石槨が復元されており、出土した三角縁神獣鏡33面他のレプリカも展示されている。

（入館無料）問い合わせ　℡（0743）67-3210

行燈山古墳　現在、崇神天皇陵に治定されている。全長242ｍ、西へ延びる尾根を利用して築かれており、堤で区切られた水をたたえた周濠をもつ。文久元（1861）年から慶応元（1865）年にかけて柳本藩によって大規模に修築されている。当初から南側が盾形、北側が鍵穴形となる壕が存在したらしいが、本来、水濠であったかどうかはわからない。文久の修陵事業は公武合体策のひとつであったが、小藩の柳本藩が山陵修復御手伝いを願い出たのは古墳の「湟水」を灌漑用水として利用したいためであったという。行燈山の「御堀水」は用水源として、明治時代の干ばつの際にも役立ち、近くの織田家菩提寺の専行院には「修陵餘潤之碑」が建立されている。

『記紀』が「所知初國御真木天皇」あるいは「御肇國天皇」とする崇神天皇は、実在したであろう

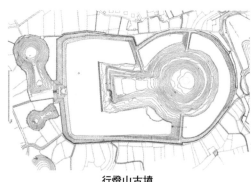

行燈山古墳

行燈山古墳出土銅板の拓本（両面）

最初の天皇（大王）ともされるが、その陵について、『古事記』は「山辺道勾之岡上」にあるとし、『日本書紀』は「山辺道上陵」とする。陵は江戸時代には「其の跡もさだかならず」とされ、行燈山古墳が崇神天皇陵とされるのは、文久の修陵工事終了後のことになる。元治2（1865）年、濠の掘削工事で、南側の濠から長方形の銅板が掘り出されており、実物は行方不明だが、伝えられる拓本によると、縦53.9cm、横70.6㎝で、片面の中央に大きく内行花文鏡に似た文様が、反対面には田の字形、四区画に分けた文様を描いたものである。用途は不明だが、文様は古墳時代前期後半の大型国産鏡（仿製鏡・倭鏡）と類似し、鏡作工人の製作によるものと推定されている。古墳から出土している円筒埴輪は方形透し孔をもつもので、築造時期は古墳時代前期後半、4世紀の中頃に近く位置づけられている。外堤西側に前方後円墳の**アンド山古墳**（全長120ｍ）と**南アンド山古墳**（全長65ｍ）がある。

　行燈山古墳の西に国道169号線（もと県道天理桜井線）によって墳丘が削られた天神山古墳（県史跡）がある。

天神山古墳　全長103ｍの前方後円墳で、墳丘西半分の伊射奈岐神社の境内部分だけが残る。1960年の発掘調査で後円部の竪穴石槨に納められた41kgもの水銀朱を詰めた木櫃（木棺？）が検出され、23面の銅鏡が出土している。銅鏡は中国鏡（舶載鏡）が18面で、三角縁神獣鏡は無く、方格規矩鏡や内行花文鏡が多いことが注目される。人体埋葬の有無については意見が分かれるところである。竪穴石槨は天井石をもたない合掌式で、墳丘には段築がみられず、埴輪ももたない。立地から行燈山古墳に従属し、副葬品のみを埋納した陪冢とみる意見があり、出土鏡群から行燈山古墳よりも古くみる意見もある。

天神山古墳主体部の発掘状況

行燈山古墳の東側には櫛山古墳（国史跡）がある。

櫛山古墳　墳丘は前方部を西に向け
た前方後円墳で、東側に長さ 35 m、
幅 65 m の大きな突出部をもっており、
「双方中円墳」とも呼ばれている。
1948、49 年に発掘調査が行われてお
り、後円部の竪穴石槨は盗掘で大部分
が破壊されていたが、長持形石棺が納

櫛山古墳

められていたことが判明している。三段築成の墳丘斜面には板状の割石を葺い
ている。造り出し部では排水施設をもった白礫が敷きつめた区画が検出され、
意識的に破砕したとみられる鍬形石、車輪石、石釧などの腕輪形石製品片、土
製品片や土師器高杯片が出土しており、造り出し部が墓前祭祀の場であったこ
とがわかる。時期としては、行燈山古墳よりも新しく、古墳時代の前期末、4
世紀末から 5 世紀初頭とみられている。

　行燈山古墳の東にそびえる龍王山（標高 586 m）の山頂は大和の戦国時代に
活躍した十市氏の山城、龍王山城となっている。西門川沿いに不動の滝を経て

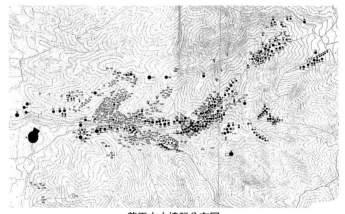

龍王山古墳群分布図

龍王山の登山道をたどると、標高150 mから450 mにかけての谷間に古墳時代後期の横穴墓と小円墳からなる龍王山古墳群がある。

　龍王山古墳群　埋没しているものもあり、総数は千基近いとみられる日本最大級の群集墳で、山中に盗掘により開口した横穴式石室をもつ古墳時代後期の小円墳が累々と築かれている。6世紀後半から7世紀にかけて築造され、古墳時代前期に築れた山麓の柳本古墳群とは約300年隔たるが、この谷が後期古墳の墓域として設定されていることは、柳本古墳群の存在と無関係であったとは思えない。

　景行天皇陵は『古事記』に「在山辺之道上」と記され、『日本書紀』は崇神天皇と同じく「山辺道上　陵」とする。崇神天皇陵とともに陵名からすれば二つの陵は「山辺道」の上方（東方）にあることになり、陵の西に「山辺道」があるのであれば、「山辺道」は古代の「上ッ道」である可能性もでてくる。

江戸時代、元禄年間の陵墓探索では山辺郡上総村（天理市上総町）にある王墓山（御墓山古墳）を景行天皇陵とし、安政年間の御改で向山古墳が崇神陵となり、幕末の元治から慶応にかけての時期に景行天皇陵と定められた。

　北にある行燈山古墳（崇神陵）と同じく西へ延びる尾根を利用して築かれた渋谷向山古墳がある。

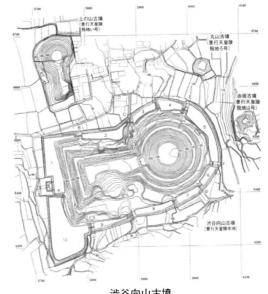

渋谷向山古墳

渋谷向山古墳

墳丘全長300 mの前方後円墳で、県内第2位の規模をもち、古墳時代前期に限れば最大の前方後円墳となる。墳丘は後円部4段、前方部3段築成とみられ、渡堤で区切られた段差のある周濠の幅は狭く、後世に改修されているものの、南側が盾形、北側は墳丘に沿った鍵穴形であった可能性がある。護岸に伴い後円部東側で行われた宮内庁の調査では築造時の葺石が検出されており、前方部墳頂の円筒埴輪内から、築造後の祭祀に伴うものとみられる須恵器甕が出土している。また、関西大学所蔵品に元治元（1864）年に渋谷村から出土したと伝わる石製枕（重要文化財）がある。王者の枕元を飾るにふさわしいもので、これがこの古墳のものであれば、石棺が採用されていることになる。出土埴輪には円筒埴輪、朝顔形埴輪の他、盾形と蓋形埴輪が知られる。円筒埴輪の透し孔は方形あるいは半円形と円形のもの、円形だけのものがあり、時期は古墳時代前期の後半（4世紀後半）、行燈山古墳より新しく位置づけられる。

渋谷向山古墳の北側には向山古墳と直交する形で南に前方部を向けた上の山古墳がある。

上の山古墳　全長144 m。墳丘に段築が認められず、位置関係は行燈山古墳とアンド山古墳とのあり方に類似し、南側の外堤は向山古墳の外堤と接しており、向山古墳よりも古くみる意見と同時期とみる意見がある。前方部西側の周濠部の発掘調査では葺石が確認され、ヒレ付円筒埴輪、朝顔形埴輪、壺形埴輪が出土しており、築造時期は前期後半、安山岩板石の散布から竪穴石槨の存在が推定されている。

渋谷向山古墳から国道を越えて西へ歩くと、南北に走る上街道（上ッ道）に出る。街道の東側に**柳本大塚古墳**（墳丘長94 m）、北へ歩くと、道の西側にある池の北に**石名塚古墳**（墳丘長111 m）、さらに**ノベラ古墳**（墳丘長69 m）と3基の前方後円墳が並ぶ。柳本大塚古墳からは、面径39.7 ㎝の大型内行花文鏡が出土しており、石名塚古墳とともに前期前半、4世紀の築造と見られている。

(4) 桜井市南部の古墳

　桜井市南部、阿部丘陵周辺には7世紀の大型横穴式石室が集中しており、安倍寺跡もあって、古代豪族、阿倍氏の本拠とされる。

　前期の大前方後円墳であるメスリ山古墳は桜井茶臼山古墳と行燈山古墳との間に位置づけられ、茶臼山古墳とともに大王墓とみる考え方と、茶臼山古墳とメスリ山古墳を大王墓候補としない考え方や二系統の王統を推定する考え方がある。

●**桜井市南部探訪コース**

近鉄・JR桜井駅→文殊院西古墳・文殊院東古墳→艸墓古墳→谷首古墳→コロコロ山古墳→メスリ山古墳→兜塚古墳→秋殿南古墳→舞谷古墳→近鉄・JR桜井駅

※桜井駅から安倍文殊院までは約1.5㎞、バスの便もある。浅古から桜井駅南口へ
　バスで戻ることができるが、事前にバス時刻を調べておきたい。

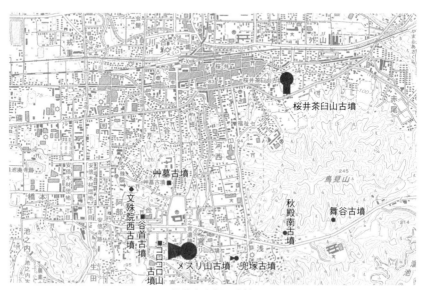

桜井市南部の古墳

　日本三文殊のひとつとされる安倍文殊院の境内、本堂東側に文殊院西古墳がある。また、境内の東には横穴式石室の開口する文殊院東古墳がある。

文殊院西古墳石室内部

文殊院西古墳　大正 12（1923）年に史蹟に指定され、現在は国の特別史跡に指定される国宝級の古墳である。横穴式石室は室町時代から開口しており、墳丘は改変が著しいが、約 30 mの円墳または方墳とみられている。南に開口する石室は全長 12.48 m、玄室部は長方形ブロック状に切りそろえた石英閃緑岩（通称、飛鳥石）を整層積にしており、側壁 3 か所の横長の石材には縦線を線刻し、2 石にみせている。石積の目地には漆喰が残る。羨道部には切石巨石を 4 石並べる。玄室天井石は 1 石、羨道天井石は 3 石で、入口の天井石を 20cm ほど高くし、羨道部幅も奥にいくほど狭くしている。入口天井石下面と両壁上部に溝が彫られ、閉塞用の扉装置とされるが、水切り溝の可能性も考えられ、羨道天井の段差とともに岩屋山古墳（明日香村）と類似する。玄室部の大きさも岩屋山古墳に近く、飛鳥時代に用いられた高麗尺（1 尺＝約 35.4cm）で 14 尺 ×8 尺に設計されている可能性が指摘されている。7 世紀後半に築造されたとみられ、被葬者については、大化改新で左大臣となり、安倍寺を建立、大化 5（649）年に没した阿倍内麻呂（倉橋麻呂）とみる説がある。

　文殊院東古墳　玄室の奥壁 2 段、側壁 3 段積みで、羨道側壁は 1 石 1 段、入口付近を 2 段積みしており、築造時期は文殊院西古墳よりもやや古く、石舞台古墳（明日香村）に近い 7 世紀前半の築造とみられる。

　文殊院の境内を北に出て、東に進み、民家の脇の細道を北に入ると、石室全長
13.2 m、巨大な花崗岩の切石を用いた艸墓古墳（国史跡）の石室が開口している。

　艸墓古墳　「カラト古
墳」とも呼ばれる一辺約
30 mの方墳で、玄室中
央に播磨竜山石（流紋岩
質溶結凝灰岩）製の刳抜
式家形石棺が石室と並行
して納められている。
「カラト」の名はこの石
棺を「唐櫃」とみたこと
によるのだろう。玄室は
奥壁1石、側壁2石で、
天井石は2石。目地に漆
喰が残る。天井高2mの
玄室に高1.6 mの石棺を
納めており、石室は石棺
を覆う程度で、石棺は石
室構築以前に単独葬を前

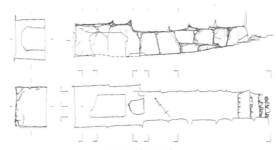

艸墓古墳の石室

艸墓古墳石室内部

提に搬入されていることがわかる。横穴式石室が本来の意味を失いつつあり玄
室の棺室（奥室）化が進んでいるといってもよい。築造時期は7世紀中頃とみ
られている。

　文殊院南の八幡神社横に谷首古墳（県史跡）がある。

　谷首古墳　一辺約40 mの方墳で、全長13.8 mの横穴式石室が開口している。
玄室の奥壁は巨石1石の2段積み、側壁は方形の3石を2段、その上部に扁平

谷首古墳石室内部

な2石を積んだ3段積みで、左右とも石材の大きさと石組構成を揃えている。天井石は2石。羨道の側壁は、玄室から1石1段が4石続く。石室規模は崇峻天皇陵とみられる赤坂天王山古墳（桜井市倉橋）に近いが、石積の様相は石舞台古墳（明日香村）と類似し、7世紀初頭から前半の築造とみられる。玄室の天井の高さは約4mもあって圧巻。谷首古墳の南東約300mの住宅街にはコロコロ山古墳の石室が原位置の東隣接地に移設保存されている。

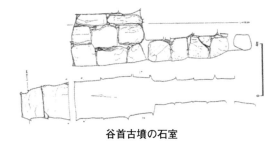

谷首古墳の石室

コロコロ山古墳　一辺30mの方墳で、石室の全長は11m。天井石と石室上部の石が残っていないが、本来は奥壁、側壁ともに3段積とみられ、谷首古墳よりも古く、6世紀末から7世紀初頭に位置づけられる。大王陵が確実に方墳になるのは用明天皇（587年歿、593年に河内磯長陵に改葬）以降とみられ、この時期に阿部丘陵でも方墳が営まれていることがわかる。

桜井市阿部を本拠とする古代豪族、阿倍氏は蘇我稲目らの下で大夫として阿倍大麻呂が政権中枢に参画、645年の乙巳の変の後、阿倍内麻呂が左大臣に任ぜられ、その最盛期を迎える。7世紀代の阿部丘陵の大型横穴式石室は阿倍氏との関わりが考えられているが、『日本書紀』は用明天皇2（587）年4月に磐余池辺双槻宮で崩じた用明大皇は3か月後にまず、「磐余池上　陵　」に葬られており、磐余の地は王陵も営まれる地でもあった。桜井市阿部周辺は阿倍氏に限らず、この地には飛鳥時代の王家や中央政権を構成していた有力氏族層の墓域として設定されていたと考えることもできる。

コロコロ山古墳から東へ100 mほど歩くと、メスリ山古墳（国史跡）。

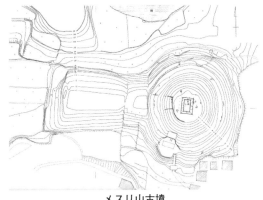

メスリ山古墳

メスリ山古墳　古墳時代前期、桜井茶臼山古墳に続いて営まれた巨大前方後円墳で、全長224 mとされるが、近年の範囲確認調査で全長は250 mに及ぶとみられる。前方部を西に向け、周濠は持たず、前方部があまり広がらない「柄鏡形」の墳丘をもっている。墳丘は3段築成で、葺石が現在も墳丘斜面で観察でき、平坦面には埴輪列が並ぶことが確認されている。戦後に盗掘を受け、1959、60年に発掘調査が実施されている。1次調査では後円部墳頂部の礫積方形壇と、その周囲を二重に取り囲む埴輪列、竪穴石槨の埋葬施設が調査された。内側と外側の円筒埴輪列の間には大型の特殊円筒埴輪と高杯形埴輪が置かれ、石槨の南北に最大（径90 ㎝、高さ2.4 m）の埴輪が置かれる。埴輪方形区画で囲われた南北方向の石槨（全長8 m、幅1.35 m、高さ1.76 m）は板石を垂直に小口積にして壁面をつくっており、8個の天井石で蓋されている。粘土床上に木棺が安置されていたが、盗掘時に破壊撹乱されており、三角縁神獣鏡、内行花文鏡の破片、石釧、鍬形石、車輪石などの腕

メスリ山古墳出土の大型埴輪

輪形石製品、椅子形、櫛形、合子などの石製品、勾玉、管玉などの玉類、鉄刀剣が出土している。2次調査では盗掘を受けていない主槨の東に並行する副槨（全長6m、幅70cm）が調査された。副室は埋葬の形跡が無く、他に例のない儀礼用とみられる鉄製弓矢や碧玉製の鏃50、鉄槍212本以上、銅鏃236本、大型勾玉、玉杖、大刀、剣、農工具などが出土している。「まつりやまつりごとを行う権力の象徴的威儀具として使用されていたものを一括納入する格納施設」とみられ、築造年代は古墳時代の前期の中頃、4世紀初頭と考えられており、箸墓古墳、西殿塚古墳、茶臼山古墳に続く大前方後円墳であるが、墳丘の大きさはこれらの古墳を上回る。副葬品からは被葬者の武人的性格がうかがわれ、『日本書紀』に登場する東国に派遣された大彦命（おおびこのみこと）や武渟川別命（たけぬなかわけのみこと）が阿倍氏の祖と伝える王族将軍であることは興味深い。

メスリ山古墳から談山神社参道（多武峰街道）に建つ石鳥居前を過ぎ、浅古（あさご）交差点に出る。この交差点西南にある八阪神社の南を西に入ると、丘陵の先端部に民有地に囲まれて兜塚古墳（かぶと）がある。

兜塚古墳の石棺

兜塚古墳　全長約50mの前方後円墳で、前方部を西に向けているが、墳丘はかなり変形を受けている。埋葬施設は後円部にある河原石を用いた長さが短い竪穴石槨（長さ約3.7m、幅1.4m）で、刳抜式家形石棺を納めている。

石棺蓋はカマボコ形をしており、長辺に縄掛突起（なわかけとっき）が2個ずつ、やや上向きにつく古い形状をしている。碧玉製管玉・琥珀製棗玉（こはくせいなつめだま）・銀製空玉（ぎんせいうつろだま）・金銅製馬具・鉄鏃などが出土しており、5世紀末頃から6世紀初めの築造とみられる。

　兜塚古墳の石棺の石材は遠く離れた熊本県の宇土半島の安山岩質溶結凝灰岩（馬門石・阿蘇ピンク石）とされる。この石で作られた石棺は奈良県内では野神古墳（奈良市）、東乗鞍古墳（天理市）、金谷弥勒谷石棺（桜井市）、植山古墳東石室（橿原市）が知られている。重量のある石棺をより遠くから運搬することが石棺の価値と被葬者の権威を高めたのであろうが、王権からの石棺の賜与も考えてよいのだろう。全長約50mの前方後円墳は墳丘規模が縮小化する古墳時代中期末～後期初めにおいては、さほど小さいとはいえず、兜塚古墳の被葬者はこの時期の王権を支えた重要人物とみられる。

　浅古交差点を東へ行き、北へ入った鳥見山の南山麓に秋殿南古墳がある

秋殿南古墳　一辺26mの方墳で、全長13mの横穴式石室が開口している。石室は巨石を2段積みにして天井石との間に小石材で調整しており、羨道部は

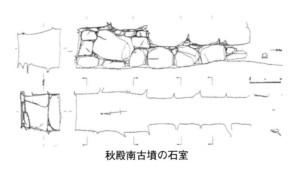

秋殿南古墳の石室

1石1段が3石続き、谷首古墳よりも新しい7世紀中頃に位置づけられる。これを岩屋山古墳（明日香村）の前段階の石室とみるのか、岩屋山式石室の亜流とみるかについては意見が分かれるところである。

　すぐ東の尾根上には、前方部と後円部に大型の横穴式石室をもつ最終末の前方後円墳、**こうぜ1号墳**（全長約50m、6世紀後半～末頃）があるが、開口部が狭く、石室へは入れない。

　浅古交差点から東へ歩き、桜井中学校への道を過ぎると、道の北側にコンクリートの階段がある。これを登り、山道をたどると、榛原石（流紋岩質溶結凝灰岩・室生火山岩）の板石を積み上げた「磚積石室」をもつ舞谷古墳がある。

舞谷古墳（2号墳）の石室

舞谷古墳　この尾根の西と東の尾根には尾根上に1基ずつ、5基の古墳が確認されており、「舞谷古墳群」と総称される。いずれも幅14m程度、奥行10m程度の長方形墳で、磚積石室をもっている。舞谷古墳（2号墳）の石室は羨道部がほとんど失われているが、玄室の入口を柱状にして突出させ、玄室の奥壁と側壁の上部は段状にせり出させて、持ち送っているのが特徴的である。床面にも方形の榛原石の床石を敷いており、石室壁には漆喰が塗布されていることがわかる。内部を白壁にすると、磚積は壁の下地としてしか意味をもたず、小さな石材で石室が造れるところに利点があったようだ。磚積石室は7世紀中頃の比較的短期間のうちに相次いでつくられたとみられ、新技術で造られた飛鳥時代の官人層の墳墓とみてもよいだろう。

(5) 忍阪と粟原谷の古墳

　奈良盆地の東南端に市街地が広がる桜井市は古代から南北、東西の交通の要衝であり、東国に通じる伊勢街道（初瀬街道）のすぐ南側には、初瀬谷の入口を押さえるように古墳時代前期の桜井茶臼山古墳がある。古墳東方の宇陀が辻で初瀬街道から分かれ、外鎌山と鳥見山の間を東南へ粟原川沿いに宇陀へと遡る道は、長い坂、押し迫った地を意味する忍阪（押坂）と呼ばれ、国道166号線沿いには桜井市南部の阿部丘陵とともに6世紀後半から7世紀の大型横穴式石室をもつ古墳が集中し、飛鳥時代の王族や中央政権を構成する有力氏族たちの墓域と推定できる。

桜井茶臼山古墳の石槨内部

●忍阪・粟原谷探訪コース

近鉄・JR桜井駅→桜井茶臼山古墳→忍阪古墳群→段ノ塚古墳（舒明天皇陵）→赤坂天王山古墳→越塚古墳→ムネサカ1号墳・2号墳→花山西塚古墳・東塚古墳→近鉄・JR桜井駅

※笠間辻から桜井駅南口へバスで戻ることができるが、事前にバス時刻は調べておきたい。

忍坂・粟原谷の古墳

桜井駅南口から旧伊勢街道（初瀬街道）を東へ歩くと、旧街道のすぐ南側に桜井茶臼山古墳（史跡）がある。

桜井茶臼山古墳

桜井茶臼山古墳　（27頁地図）全長約200m、前方部を南に向ける前方後円墳で、前方部が広がらず、直線的な「柄鏡形（えかがみ）」の墳形をもっていることで知られている。「丘尾切断（きゅうびせつだん）」による古墳築造法の典型とされるが、後円部3段、前方部2段とされる墳丘は独立丘陵を整形、墳丘上部に盛土して造られているようだ。墳丘とその西側が史跡に指定され、保護の手がうたれているが、周辺の開発によって、墳丘周囲を取り巻いていた逆台形の「周濠状遺構」とも呼ばれる台状平坦地の様相はうかがいにくくなってい

る。急な墳丘斜面には葺石が施されているが、埴輪は確認されていない。1949年に後円部頂の盗掘を契機に埋葬施設である竪穴石槨の調査が実施され、2009年に石槨の再調査が実施されている。主軸に並行して大阪芝山（大阪府柏原市）産の安山岩や玄武岩の板石を積み上げて築かれた竪穴石槨（長さ6.75 m、幅1.27 m、高さ1.6 m）からは、方格規矩鏡、三角縁神獣鏡、獣帯鏡、国産内行花文鏡など81面以上の銅鏡片、鍬形石、車輪石、石釧などの腕輪形石製品、玉杖、玉葉形、五輪塔形、弓付属具などの多数の石製品、硬玉製勾玉、管玉、ガラス管玉などの装身具、鉄鏃、銅鏃、鉄剣などの武器類が出土している。石槨内部は壁面や天井に水銀朱が塗られ、長大な木棺はコウヤマキ製。天井石はベンガラを混ぜた粘土で覆い、埋葬施設上には、方形壇が築かれ、墳頂から出土している底部穿孔の二重口縁壺（壺形埴輪）はこの壇の周囲に並べられ、壇の周囲には丸太を立て並べた「丸太垣」で遮蔽されていたことが明らかになっている。

　奈良盆地東南部の巨大前方後円墳は、箸墓古墳、西殿塚古墳、行燈山古墳（崇神陵）、渋谷向山古墳（景行陵）の順に築造されたと考えられており、これらの古墳からやや離れた桜井市南部にある桜井茶臼山古墳とメスリ山古墳を行燈山古墳の前に位置づけ、6代の大王墓とみる考え方と茶臼山古墳とメスリ山古墳を大王墓候補としない考え方、二系統の王統を推定する考え方がある。また、茶臼山古墳の築造時期は西殿塚古墳（天理市）と並行するとみて、政治、軍事を掌握した「男王」がその被葬者とみる説もある。古墳北側の城島小学校を中心とする城島遺跡はこの茶臼山古墳の造営キャンプとみられ、東海系の土器も出土している。茶臼山古墳が王権の伸長に伴い、東方（東国）を意識して造営されていることは、まず間違いないだろう。

　忍阪古墳群　外鎌山の尾根上には数多くの古墳が存在しており、外鎌山古墳群と呼ばれる。1972年から76年にかけ、朝倉台の住宅地開発で32基の古墳が発掘調査され、そのうち忍阪1・2・8・9号墳が2号公園に移築、竜谷6〜9墳が6号公園に保存されており、見学できる。近鉄大和朝倉駅からが近いが、国道166号線の忍阪の交差点から住宅地への坂道を登っても行ける。類例

忍阪8号墳の石室

のない石室をもつ忍阪8・9号墳は必見。8号墳は南半分が失われ、石室も最下段が残存していただけだが、この古墳の榛原石（溶結凝灰岩）の板石を積んだ「磚積石室」は平面が六角形、石室上部は持ち送ってドーム状に構築していたとみられる。六角形の一辺 1.765 mは、唐尺（とうじゃく）（1尺＝約 29.5 cm）で6尺、高麗尺（1尺＝約 35.4 cm）ならば5尺に近い。また、隣接する忍阪9号墳は奥行に対して横幅が広い「T字形磚積石室」とみられ、これも唐尺で設計されている可能性が指摘されている。漆喰は見られず、灰色粘土を石材間に入れている。

外鎌山から南へ延びる尾根の先端に段ノ塚古墳（舒明天皇陵）がつくられている。

段ノ塚古墳　対辺約 47 mの八角形の墳丘前面に三段の方形壇をもつ。八角

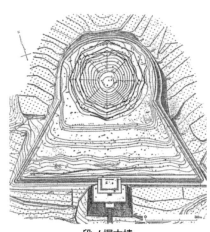

段ノ塚古墳

墳丘の下段が榛原石（溶結凝灰岩）の板石で覆われていることが宮内庁の調査で確認されている。忍阪にある古墳の中で卓越した規模をもち、八角形という特異な墳丘をもっており、治定（じじょう）に問題が多い古代天皇陵の中で、舒明天皇の押坂内陵である可能性はきわめて高い古墳とされる。

八角形墳は、前方後円墳消滅後に大型方墳に替り、王陵として新たに創出された墳形とみられ、牽牛子塚古墳、

山科御廟野古墳（天智陵）、野口王墓古墳（天武・持統陵）、中尾山古墳が同形の墳丘をもつことが知られる。『日本書紀』によれば舒明天皇は舒明天皇13（641）年に崩御、皇極天皇元（642）年に滑谷岡に葬られた後、皇極天皇2（643）年に押坂内陵に改葬されたことがわかる。なお、舒明陵の東には大伴皇女（欽明天皇の皇女）押坂内墓と鏡女王（天智天皇の妃）墓に治定される円墳がある。また、国道に出る手前には白鳳期の三尊石仏で知られる石居寺もある。

　下尾口バス停から粟原川を渡り、倉橋溜池への道をとると、道の北側に赤坂天王山古墳（赤坂天王山1号墳、国史跡）がある。

　赤坂天王山古墳　墳丘は一辺約50m、高さ約9mの方墳で、3段に築かれ、頂部には平坦面をもつ。西側にある2号墳の墳丘を削って造られており、墳丘背後の平坦地は北側の3号墳の墳丘にまで及んでいる。

　この尾根上には横穴式石室をもつ後期古墳が多く存在し、天王山古墳は築造以前からあった古墳群の中に割り込んで造られていることがわかる。墳丘背後にまわると、墳丘の大きさに圧倒される。墳丘の南中央、石室の羨

赤坂天王山古墳石室内部

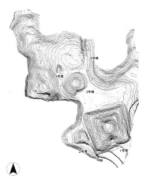

赤坂天王山古墳

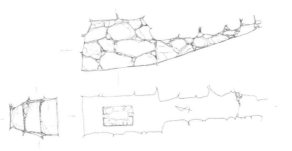

赤坂天王山古墳の石室

道入口上部に狭い盗掘穴が開口しており、石室に潜り込むと、闇の中に二上山凝灰岩製の刳抜式家形石棺が玄室中央に納められているのが見える。棺の南面には方形の掘り込みがあり、棺内部がうかがえる。この方形掘り込みについては、当初のもので、石栓（石蓋）が嵌め込まれていたとみる説もある。全長約15.2 mの石室は、玄室高4.2 mもあり、小型カメラではフラッシュ光が届かない。奥壁3段、側壁3段積みを基本としており、玄門上の前壁は2段積、いずれも内側に傾ける。天井石は2石、石室の規格や構築は牧野古墳（広陵町）と類似する。出土遺物は知られていないが、石棺型式などから築造時期は、6世紀末とみられている。この古墳は江戸時代には「岩屋」、「塚穴」と呼ばれ、元禄年間以後、幕府はこの古墳を崇峻天皇の倉梯岡陵として取り扱っていた。倉橋（倉梯）にある古墳の中で卓越した規模をもっており、年代的にも崇峻5（592）年に蘇我馬子の命で弑逆された崇峻天皇陵とみても矛盾は無い。

　天王山古墳の手前の道を東に下り尾への道を登ると、集落の東端の民家の横に越塚古墳（県史跡）がある。

越塚古墳　直径約40 mの円墳とみられ、二段に築かれ、墳丘下段の南西に全長15.4 mの巨大な横穴式石室が開口している。羨道部が約10 mと長く、玄室の天井高も4 m近くある。玄室の奥壁は1石を3段、側壁は3石を3段に積んでいる。奥壁や前壁が垂直に近く、石室が長方形の箱形になっているのが特徴的で、こうした特徴をもつ石室は烏土塚古墳（平群町）、茅原狐塚古墳（桜井市）、水泥塚穴古墳（御所市）などに見られ、越塚古墳の石室は特に烏土塚古墳のものと類似し、同一の工人集団による構築とみられている。石材の大きさや積み方をみると、奥壁3段積みは6世紀末

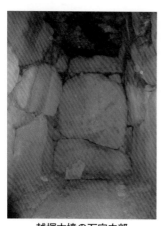

越塚古墳の石室内部

の赤坂天王山古墳（桜井市）や牧野古墳（広陵町）の石室に見られ、側壁3石
3段ということであれば7世紀初頭の谷首古墳（桜井市）や石舞台古墳（明日
香村）の石室に見ることができる。床面には角礫が敷かれ、玄室中央やや奥に
播磨竜山石とみられる凝灰岩製組合せ石棺の底石二枚が残る。出土遺物は知ら
れていない。石室の様相から6世紀末から7世紀初頭の築造とみられ、築造時
期は赤坂天王山古墳とも近いが、天王山古墳は方墳で刳抜式石棺であることで
違いをみせている。

　国道166号線の粟原バス停から桜井方向に約200ｍ戻ると、国道沿いの山側
にムネサカ1号墳（県史跡）の解説板が立っている。古墳はここから急な山道
を登るのだが、登るだけの価値は充分ある古墳である。

　ムネサカ1号墳・2号墳　粟原
谷の北側は急峻な斜面で、ムネ
サカの地名も「峯坂」に由来すると
いう。山道を登った尾根の南端に
直径約45ｍの円墳があり、南側
に全長約17ｍの切石積横穴式石
室が開口している。羨道の入口付
近は2段積みだが、奥の3石は一
段で、玄室部の側壁は下段3石、

ムネサカ1号墳の石室内部

上段2石、奥壁は1石の2段積にしている。上段の石を内側に傾け、天井石と
側壁の間には漆喰が残り、床面には敷石がある。凝灰岩片が石室内から発見さ
れており、石棺があったことがわかる。石室の規模や石材の構成は岩屋山古墳
（明日香村）とほぼ同じで、7世紀中頃に同一規格で造られたとみられるが、
石材は岩屋山古墳ほど方形に整っておらず、天井石の数が異なる。北西にある
2号墳（円墳）もほぼ同時期とみられ、大型石材を用いた横穴式石室をもって
いるが、石室は土砂でほとんど埋まっている。2基一対の「双墓<ruby>双墓<rt>ならびはか</rt></ruby>」として造ら

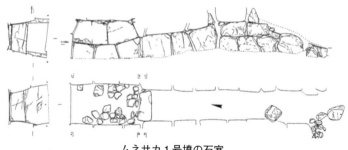

ムネサカ1号墳の石室

れた可能性も指摘されている。

　粟原の集落の南側には7世紀後半の寺院跡、粟原寺跡（国史跡）があり、塔
跡などの礎石が残り、国宝に指定される塔伏鉢の銘文から中臣朝臣大嶋が亡き
草壁皇子の為に建立した寺院であることがわかり、越塚古墳やムネサカ古墳の
被葬者については中臣連系の氏族を想定する説もある。

　国道166号線は現在、粟原谷の最奥の女寄峠をトンネルで宇陀市へと越して
いる。トンネル左手の旧道にある笠間辻バス停付近から北へ入り、左手の山道
を登り詰めた標高411m付近に花山西塚古墳（国史跡）がある。

花山西塚古墳　古く昭和2（1927）年に史蹟に指定されており、植林の中に

花山西塚古墳の石室

設置された鉄檻状の保護施設を目印に探すとたどりつける。60mほど手前（東側）の斜面には**花山東塚古墳**がある。花山西塚は過去の乱掘や植林でかなり破壊を受けているが、直径16mほどの円墳とみられ、背後の斜面に半円状の空濠を設けている。埋葬施設は羨道部天井が破壊され

ているが、煉瓦ブッロク状の榛原石（溶結凝灰岩）を互の目状に積み上げた全長約 8.1 ｍの「磚積石室」で、前室の奥に棺を納める棺室（奥室・長さ 1.9 ｍ、幅 70 ㎝、高さ 90 ㎝）を備えている。棺室入口の、向かって左に扉の軸穴があり、片開きの扉石が横たわっている。前室（長さ 2.2 ｍ、幅 1.37 ｍ、高さ 1.65 ｍ）の側壁は上部を「くの字」状に内傾させ、屋根形にして、天井石を支えている。棺室に木棺や漆棺を納め、前室に死者への供膳の器類が副葬されたのであろう。こうした石室も「横口式石槨」と呼称されているが、家形石棺前面に羨道を取り付けた大阪府お亀石古墳（富田林市）からの系譜を重視すれば「石棺系石室」あるいは「棺室付石室」と呼んでもよいだろう。花山東塚古墳は石室の前面が破壊されているが、こちらは棺室をもたない「磚積横穴式石室」で、立地からみて西塚よりも新しいとみられるが、2 基一対の「双墓」として造られた可能性もある。中国や韓国のような焼き物のレンガ、「塼」で造られてはいないが、舞谷古墳や忍阪 8・9 号墳でもみられ、漆喰と磚積といった新技術を用いており、渡来系の有力氏族や官人層がその被葬者として浮かんでくる。

Ⅱ
大和北部の古墳

⑴奈良市街と奈良公園の古墳・⑵佐紀古墳群・⑶春<ruby>日<rt>かす</rt></ruby>と<ruby>帯解<rt>おびとけ</rt></ruby>の古墳・⑷<ruby>和爾<rt>わに</rt></ruby>と<ruby>櫟本<rt>いちのもと</rt></ruby>の古墳・⑸<ruby>石上布留<rt>いそのかみふる</rt></ruby>の古墳

佐紀古墳群東群 （本文 57 頁参照）

（1）奈良市街と奈良公園の古墳

　奈良は平城京以来、1300年の歴史をもつ都市であり、その旧市街地は、中世以後、興福寺、東大寺に仕える職人、商人の町として、春日台地上にあった平城京外京の地を中心に発達した。町中には「塚」として伝説をもつ古墳もある。社寺見学とともに伝説に彩られ、平城京以前の歴史をものがたる奈良の古墳を訪ねてみたい。

●奈良市街・奈良公園コース

JR 奈良駅・近鉄奈良駅→大安寺古墳群→弘法山古墳（開化天皇陵）→吉備塚古墳
→頭塔下古墳→春日野古墳群→鶯塚古墳→近鉄奈良駅・JR 奈良駅

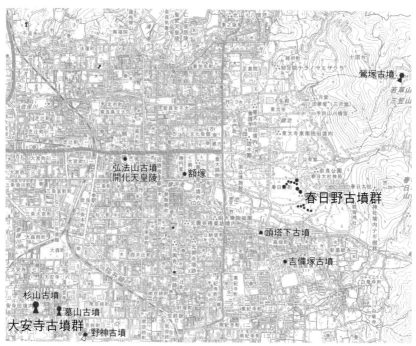

奈良市街と奈良公園の古墳

大安寺古墳群 奈良時代に平城京左京六条四坊に営まれ、大寺の筆頭であった大安寺の旧境内（国史跡）に前方後円墳の**杉山古墳**がある。天平19（747）年の『大安寺縁起并流記資財帳』に記される「池并岳」がこの古墳に該当する。墳丘全長は154m程度に復元でき、前方部を南に向け、東側くびれ部の前方部寄りに造り出しをもつとみられる。盾形の周濠が巡るが、周濠は奈良時代に埋め立てられている。古墳時代中期後半、5世紀後半の古墳で、1955年に後円部が一部発掘調査されており、粘土槨の埋葬施設であったものが、奈良時代に改葬を受けた可能性も考えられる。前方部西南部が大きく削られており、奈良時代後半の大安寺の瓦窯跡6基が検出されている。大安寺旧境内の発掘調査ではこの古墳の埴輪片が南大門跡付近などからも出土しており、奈良時代の大安寺造営時に古墳が整地土など造営資材調達の場となっていたことがうかがえる。

杉山古墳の東にあって、大安寺町の墓地となっている**墓山古墳**も墳丘長80m以上の前方後円墳で、人物

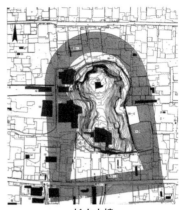

杉山古墳

杉山古墳出土の家形埴輪

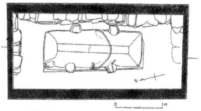

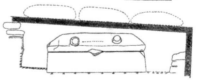

野神古墳の石槨と石棺

埴輪や蓋形埴輪が出土しており、周濠と外堤の一部が発掘調査で確認されている。杉山古墳よりもやや古く、5世紀中頃の築造とみられている。さらに県道東の桂木団地入口の北には前方後円墳の可能性もある**野神古墳**（市史跡）がある。墳丘の西側に廻ると、兜塚古墳（桜井市）と同じ阿蘇溶結凝灰岩の刳抜式家形石棺が納められた竪穴石槨を見ることができ、明治に鏡、大刀、金銀玉の出土を伝えている。6世紀初頭に位置づけられ、墓山古墳、杉山古墳に続く古墳である。大安寺古墳群がある能登川流域には古墳時代中期の豪族居館とみられる南紀寺遺跡もあって、その被葬者は奈良市南部に勢力圏をもち、『日本書紀』に多くの皇妃を出したと伝える春日氏とみることも可能である。

　JR奈良駅に戻り、奈良公園に通じる三条通りを行くと、道の北側、町中に弘法山古墳がある。

　弘法山古墳　念仏寺山、坂上山とも呼ばれ、開化天皇陵に治定されている。開化天皇は「記紀」に春日率川宮（春日之伊邪河宮）に宮をおいたとするが、その実在性は疑問視されている。『延喜式』は、その陵を「春日率川坂上陵」としており、元禄年間の陵墓探索によって、率川や率川神社に近い油坂（符坂）の上、念仏寺（山の寺）境内の山の上にあった一間四方の小塚が開化天皇陵と考定された。現在は全長105mの前方後円墳形となっているが、これは文久3（1863）年の修陵よって、念仏寺の墓地、今辻子町の町屋、西照寺の堂や墓地を移転させて作り上げたものであり、この工事には984両が費やされたという。ただ、周辺からは5世紀から6世紀の埴輪片が出土しており、いくつかの古墳が存在したことがうかがえ、開化天皇陵とされた念仏寺山の小塚もあるいはそうしたもののひとつなのかも知れない。また、三条通を東へ行くと、興福寺の南円堂手水屋の横に興福寺の寺額を納めたという**額塚**がある。興福寺が建つ台地南辺にあり、削平をまぬがれた後期古墳の可能性を考えてもよい。

　興福寺の南、猿沢池のある谷の対岸は元興寺のある丘陵になっており、奈良の市街地が広がる。この市街地の発掘調査では、脇戸町で削平された円墳が検

出されており、井上町で前期の大型古墳の副葬品に多い石製合子や埴輪片の出
土があって、古墳がいくつか存在したことがわかる。

　高畑町にある奈良教育大学構内には径約20ｍの円墳があり、古くから吉備
真備の墓と伝え、吉備塚と呼ばれていた。

　吉備塚古墳　吉備塚には種々の怪異が伝えられ、近づく人がなく、戦前の第
38連隊時代も歩哨兵はこの付近の巡回を嫌がったという。2002年に発掘調査
が実施され、2基の木棺を直葬した古墳時代後期、6世紀初頭の古墳であるこ
とが判明した。画文帯神獣鏡や大刀、挂甲、馬具が出土しており、大刀のひと
つには神像と龍虎、花文の象嵌がある。

　頭塔下古墳　藤原広嗣の怨霊によって殺された僧玄昉の頭を埋めた塚という
伝説のある頭塔（史跡）は奈良時代に作られた五層の瓦葺の土塔で、各層に奈
良時代石仏が配置される。整備に伴う発掘調査で基壇裾の下から古墳時代後
期、6世紀の横穴式石室が見つかっており、頭塔はこの古墳を埋め込んで築か
れていることが明らかになっている。丘陵西端に立地しており、古墳の立地に
も適している。

　春日大社参道の南に広がる飛火野の芝地は明治時代に奈良離宮の用地として
「添上第二御料地」とされた。ここには、御料園古墳群（春日山墓・飛火野古
墳群）とも呼ばれる小円墳群がある。

　春日野古墳群　菩提川に合流する小川によって、北から御料園支群（13基）、
鹿苑支群（5基）、飼料園支群（8基）に分けられる。1947年に北端の御料園
支群の一部が発掘調査されている。埋葬施設は小石室が多く、6世紀から7世
紀にかけての群集墳とみられる。出土遺物には奈良時代の土馬や土器類、平安
時代の泥塔もあり、御蓋山山麓における祭祀壇として利用されたことがわかる。

　若草山山頂（標高341.8ｍ）には鶯塚古墳と名づけられた古墳（国史跡）が
築かれている。

鶯塚古墳（東から）

鶯塚古墳　全長約 107 ｍの前方後円墳で、南側に方墳 2 基、円墳 2 基が存在する。前方後円墳の発展段階を知る上で重要として、昭和 11（1936）年に史蹟に指定されている。若草山には「鶯の山」という別称もあって、古墳名はこれに由来するとみられる。後円部頂に享保 18（1733）年に建てられた「鶯陵」碑は、清少納言が『枕草子』に「みささぎはうぐひすのみささぎ」と記した鶯陵だとみている。大仏殿あるいは二月堂の用材を引いた牛を葬った牛ヶ塚だとも伝えており、貴人を葬った「大人墓」が本来だともいう。若草山の山焼き行事はこの塚の鎮魂のためで、山を焼かないと牛墓から牛鬼の妖怪が出るといった伝説も伝わる。埋葬施設は明らかでないが、板石の散布が認められないことから、粘土槨である可能性が高い。墳丘全面に葺石があり、2 列に円筒埴輪列が巡ることが知られ、家形埴輪や蓋形埴輪の存在も知られる。前方部西南から小型内行花文鏡、滑石製斧形石製品が出土しており、古墳時代前期末から中期初頭、5 世紀前半の築造とみられている。墳頂からは奈良盆地北部と南山城方面が望見でき、この古墳の被葬者の勢力範囲を示しているようだ。

(2) 佐紀古墳群

　古墳時代の前期後半（4世紀後半）、柳本古墳群の渋谷向山古墳（景行天皇陵）に続く王墓とみられる大前方後円墳は、盆地東南部を離れ、盆地北端の奈良山丘陵南麓に営まれている。これを大和北部における王墓の造営を政権交代とみるか、北方、日本海沿岸への王権の伸長に伴い、盆地北端が重要視されたために大古墳が造営されたとみるかが問題となるが、『記紀』には崇神・垂仁期に丹波道主命の丹波への派遣、大和北部を本拠とする和珥氏の祖、彦国葺の武埴安彦の乱の平定、狭穂彦と狭穂姫の乱、丹波道主王の娘である日葉酢媛立后など大和北部を舞台とする記事も多く、5世紀に大陸、半島との海外交渉が重要となった時期に、巨大古墳が河内、和泉に造営されていることからみると盆地北端部において王権を誇示すべく王墓が営まれた可能性が高いように考え

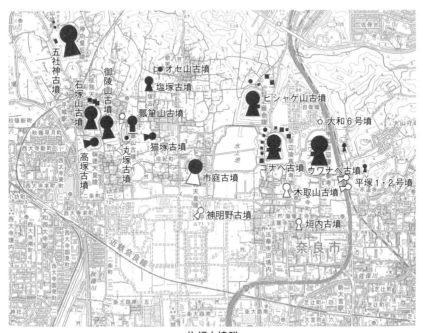

佐紀古墳群

られる。

　佐紀古墳群は墳丘長が200 mを越す古墳時代前期後半から中期にかけての7基の大前方後円墳が東西に並び、これに附属する陪冢とみられる小型の円墳、方墳と中規模の前方後円墳や円墳で構成される。古墳時代前期後半、4世紀後半から5世紀初めに営まれた西群と中期前半から中頃、5世紀前半から中頃に営まれた東群に分けることが多い。主要な大古墳が陵墓や陵墓参考地であるため、実態が明らかでない点も多いが、風致景観の保全が図られ、平城宮跡にも近く遺跡散歩には最適である。

●佐紀古墳群西群コース

近鉄平城駅→五社神古墳（神功皇后陵）**→石塚山古墳**（成務天皇陵）**・御陵山古墳**（日葉酢媛陵）**・高塚古墳**（称徳天皇陵）**→瓢箪山古墳**→〈松林苑築地跡〉**→塩塚古墳**→〈平城宮跡〉**→近鉄大和西大寺駅**

　平城駅の東側の踏切を渡ると、山陵町の八幡神社がある。左へ行き、右手の階段を上ると、五社神古墳（神功皇后陵）の前方部の前に出る。

五社神古墳

五社神古墳　丘陵の先端を利用した前方部を南に向けた前方後円墳で、全長は約267m、墳丘に沿って堤で区切られた周濠が巡っているが、これは文久3（1863）年の修陵工事で整備された可能性が高い。拝所には江戸時代の石燈籠が並ぶ。これは修陵以前に神功皇后陵とされていた御陵山古墳（現在の日葉酢媛陵）にあったものを移したもので、武運長久を祈り郡山藩士から寄進されたものが多く、文人画で知られる柳里恭（柳澤淇園）寄進の燈籠もある。ま

た、後円部西北には陪冢とみられる円墳2基と方墳1基がある。嘉永3（1850）年に五社神古墳は盗掘を受けている。奈良奉行所記録によれば、東北之方を幅、深さとも6尺掘り穿つと、「垂仁陵と同様の御棺石にあたり、覆（蓋石）の北隅の穴から提灯で中を伺うと何も見あたらなかった」とあり、垂仁陵の石棺の覆は「亀之形」としているので、長持形石棺を納めている可能性がある。2003年の宮内庁の調査では西側くびれ部に造り出しをもつ可能性がうかがえ、佐紀古墳群では古くに位置づけられていたが、出土している埴輪も古墳時代中期のものに近く、5世紀初頭、佐紀古墳群西群の最後に築造されたとみられるようになった。

　神功皇后陵の拝所から東へ下り、八幡神社手前の踏切を渡り、東へ坂道を登ると、石塚山古墳（成務天皇陵）の後円部の北側を通り、御陵山古墳（日葉酢媛陵）との間の道に出る。

　石塚山古墳　墳丘全長218mの前方後円墳で、後円部の東北に3基の方墳があり、陪冢としては初期の事例となる。墳丘に沿って周濠があるが、これは文久3年の修陵工事で掘削された可能性がある。御陵山古墳を避けるように築造されており、御陵山古墳よりも築造が新しいことがわかり、4世紀後半の築造とみられる。平安時代の康平6（1063）年に盗掘を受け、江戸時代には三度、盗掘されていることが知られる。弘化元（1844）年には勾玉50、嘉永元（1848）年には朱と多量の管玉が盗掘によって石棺から取り出されている。石棺の覆がこの古墳も「亀之形」としており、長持形石棺を納めているとみられ、後円部には2基の埋葬施設が存在する可能性もある。

　御陵山古墳　石塚山古墳の東に隣接する墳丘全長207mの前方後円墳。盾形の周濠をもち、前方部東西の渡り堤には葺石があって、当初からのものとみられる。この御陵山古墳の墳形は五色塚古墳（兵庫県神戸市）や網野銚子塚古墳（京都府丹後市）と相似しており、この古墳の墳形が規範となっているという

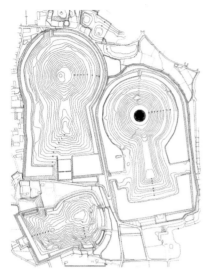

御陵山古墳・石塚山古墳・高塚古墳

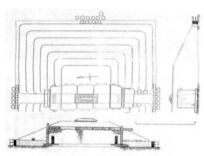

御陵山古墳の埋葬施設の復元

見方もある。網野銚子塚古墳との類似は日葉酢媛が丹波道主の娘で竹野媛と姉妹だという伝承、五色塚古墳については、仲哀天皇の崩御に際し、忍熊王が偽って播磨の赤石（明石）に山陵を興したという記紀伝承とも関わり、興味深い。江戸時代には神功皇后陵とされ、かつては武運長久、安産祈願のため、後円部に墳頂に通じる参道があった。墳頂に敷かれた白礫は安産のお守りとされ、参詣者も多く、奈良奉行川路聖謨の日記によれば、「雨にて土流れ、御石槨の如きもの塚に現れ見え」、「甕の如きもの三ツばかりこれも少々現れたり」という状態であったことがわかる。

　明治8（1875）年に垂仁天皇皇后の日葉酢媛陵に治定されたが、大正5（1916）年に盗掘を受けている。回収された副葬品は写真や拓本などの記録をとって、石室に戻された。記録によれば、後円部墳頂には円筒埴輪列が巡る方形壇があり、その内部に竪穴石槨が築造されている。石槨の小口には孔のある一枚の板石が建てられ、天井石は下面に内剋りを施し、両側面に縄掛突起を造り出した5枚の切石となっている。棺蓋のような「屋根形石」がその上にあるのだが、棺は木棺であったようで、長持形石棺ではない。副葬品は流雲文、唐草文、直弧文で外区を飾った大型国産鏡（仿製鏡・倭鏡）などが5〜6面、腕輪形石製品、刀子形・斧形・高杯形・椅子形などの石製模造品、石製合子などがあったことがわかる。大型の蓋

形埴輪や盾形埴輪を墳頂に置いていたとみられ、この古墳で埴輪が定型化したという見方もある。古墳時代前期後半（4世紀中頃）の大型前方後円墳の埋葬施設や副葬品が判明する唯一の例である。

　なお、この御陵山古墳の東北には御陵山古墳と同時期の径65mの大型円墳、**マエ塚古墳**があったのだが、住宅開発で1965年に消滅している。

　石塚山古墳の南には高塚古墳（称徳天皇陵）がある。

　高塚古墳　墳丘全長127mの前方部を西に向けた前方後円墳であり、石塚山古墳や御陵山古墳に随伴する古墳とみられるが、奈良時代の称徳天皇（孝謙天皇）陵に治定されている。墳丘に沿って狭い周濠が巡っているが、これも文久3年の修陵で掘削された可能性がある。『続日本紀』によれば、神護景雲4（770）年8月4日に称徳天皇は崩御し、鈴鹿王の旧宅を山陵としたとあって、この古墳を山陵に再利用したとは考え難い。『西大寺資財流記帳』では右京一条三、四坊に三十一町を占める西大寺の寺地の西限を京極路（西四坊大路）とし、「山陵八町」を除くとしており、西大寺西方には「タカツカ」という地名もあって、称徳天皇陵は西大寺の西方にあった可能性が高い。この古墳を鎌倉時代の絵図「西大寺往古敷地図」が「本願御陵」とするのは西大寺の寺領確保とも関わるようだ。

　御陵山古墳の東側に、谷を隔てて瓢箪山古墳（国史跡）が築かれている。

　瓢箪山古墳　墳丘全長96mの中規模クラスの前方後円墳。1970年に宅地化の危機があったが、史跡指定の後、整備されている。幅12mの周濠が巡り、前方後円墳の形がよくわかる古墳となっている。墳丘と外堤には葺石があるが、濠は空壕で西南

瓢箪山古墳

部は丸塚古墳を避けて造られておらず、丸塚古墳がこの古墳に先行することが
わかる。前方部西南付近が丸塚古墳とともに大正2（1913）年に大阪電気軌道
（近鉄）の敷設工事に伴って土取りされ、琴柱形石製品3点の出土を伝えてい
る。時期は中期初頭（5世紀初め）とみられている。

　丸塚古墳　古墳時代前期後半（4世紀後半）の古墳で、直径約45ｍの大型
円墳。大正2年の土取りで埋葬施設の粘土槨が発見され、銅鏡14面、琴柱形
石製品、銅鏃、鉄刀剣が出土している。鏡は国産鏡が多いが、2面は中国鏡と
みられる。

　瓢箪山古墳の西南の竹ヤブが**猫塚古墳**、全長110ｍ程度の前方部を西に向け
た前方後円墳とみられ、1953年の発掘調査で前方部から粘土と割石による竪
穴石槨（いしくしろ）が検出され、石釧21点の他、直刀、短剣が出土している。時期は前期
後半（4世紀後半）とみられている。

　奈良時代の禁苑、松林苑（しょうりんえん）の南北築地は、瓢箪山古墳の東堤を利用しており、
道路の西側に南北の高まりとして残っている。猫塚古墳から北へ約40ｍの地
点では8世紀の大型掘立柱建物が検出されおり、猫塚古墳は松林苑の築山や池
泉として利用されたようだ。この奈良時代の建物と重複して、粘土槨（猫塚北
1号棺）が発見されており、石釧（いしくしろ）5点、車輪石5点などの腕輪形石製品、管
玉、勾玉といった玉類、合子蓋（ごうす）が出土してい
る。

　瓢箪山古墳の東北400ｍに塩塚古墳（国史
跡）がある

　塩塚古墳　墳丘長105ｍの前方後円墳で、
盾形の周濠が巡る。この古墳も1956年に果
樹園の造成、1973年には削平の危機があっ
た。後円部の発掘調査で木棺を粘土で包んだ

塩塚古墳

粘土槨が検出されている。近畿では珍しい蕨手形刀子の他、短剣、鉄斧、鉄鎌が出土しており、時期は中期前半（5世紀前半）とみられている。この古墳の前方部は低く、8世紀の瓦の出土が多く出土し、前方部には松林苑の関連の施設が作られていた可能性が考えられている。この古墳の東北には全長65m、前方部が短い帆立貝形前方後円墳ともみられる**オセ山（ゲンオ塚）古墳**がある。

　佐紀古墳群は西方の御陵山古墳（日葉酢媛陵）の造営にはじまり、石塚山古墳（成務陵）、五社神古墳（神功陵）と大前方後円墳が続き、猫塚古墳がこれに並行する。瓢箪山古墳や塩塚古墳は佐紀古墳群の中央・東群の大前方後円墳と並行するとみられている。御陵山古墳、石塚山古墳とこれに随伴する高塚古墳などは西方からの望見を意識してつくられているとみられ、古く、押熊を経て山背に出る交通路の重要性がうかがえる。塩塚古墳からは奈良山越えのひとつの歌姫街道が近く、これを南に行くと、平城宮跡に出る。歴史公園として整備が進められており、平城宮跡資料館や平城宮いざない館では出土品が展示公開されており、平城宮造営と関わって佐紀古墳群関係の展示もある。

●佐紀古墳群東群コース

近鉄大和西大寺駅→市庭古墳→ヒシャゲ山古墳（磐之媛陵）→コナベ山古墳―ウワナベ古墳→近鉄新大宮駅

　奈良時代の歴史書『続日本紀』によれば、平城京遷都の前年、和銅2（709）年に平城京の造営を担当する造平城京司に「墳壟、あばき掘られれば、すなわち埋みおさめて、あらわし棄てしむることなかれ、あまねく祭酹を加へて、幽魂を慰めよ」という勅が出されている。遷都の5ヶ月前のことで、急ピッチで進められる造成工事の中で、古墳が破壊されていたことがわかる。平城宮跡の北側にある平安時代初頭の平城天皇の「楊梅陵」に治定されている「ニジ山」は、本来、墳丘全長253mの大前方後円墳（5世紀中頃）の前方部が平城宮の造営で削り取られ、後円部だけが残ったものであることが発掘調査で明らかに

58

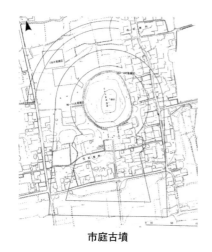

市庭古墳

なり、**市庭古墳**と名付けられている。周濠は平城宮の造営時に一気に埋め立てられており、削平した前方部には内裏の北方官衙が営まれている。

　また、その南側の内裏東南から東の大極殿（第二次大極殿）東北にかけては、**神明野古墳**と呼ばれる墳丘全長117mの前方後円墳（5世紀後半）があり、この古墳は完全に削平されている。平城京内では法華寺付近の**木取山古墳**（前方後円墳・110m）や**法華寺垣内古墳**（前方後円墳・117m）、東三坊大路北端の**平塚1・2号墳**など多くの古墳が、都の造営で削平され、平塚2号墳の墳丘や周濠などは奈良時代の邸宅庭園に利用されている。現在、不退寺境内にある舟形石棺はこの古墳のものである可能性もある。奈良時代の末、宝亀11（780）年には寺院の造営で墳墓を壊ち、その石を採って用いることを禁じたことも知られる。奈良時代の人々が自らの先祖とでもいうべき古墳時代の墳墓に対して冷淡なのは、古墳はその築造に意味があって、特別な場合を除き、築造後の祭祀などはほとんど行われることが無く、大古墳とは言え、その被葬者の名は8世紀には不明となっていたことに関わるとみられる。平城京の造営においても、何らかの伝承があり、「記紀」で山陵に位置づけた古墳だけが削平を免れた可能性も考えられる。奈良時代に成立した「記紀」が記す天皇陵は7〜8世紀の人々の考えを整理したものであって、その実在や天皇陵の比定は、奈良時代の人々の考え以上に遡るのは困難なのである。

　平城宮跡から古代の「狭城池」ともされる水上池の東北にはヒシゲ山古墳がある。

ヒシャゲ山古墳　前方部を南に向けた前方後円墳で、墳丘長219 m、墳丘東側くびれ部に造り出しをもつ。二重の周濠を備え、前方部側の外濠が現在、水濠として残る。北側に陪冢とみられる円墳2基、東北に方墳2基がある。江戸時代は平城天皇陵とされ、明治8年に仁徳天皇皇后磐之媛平城坂上陵に治定されている。幅約20 mの内堤上には二重の埴輪列があり、古墳東側で一部復元されている。埴輪は古市古墳群（大阪府）の市野山古墳（允恭天皇陵）のものと同時期とみられ、古墳時代中期後半（5世紀後半）、佐紀古墳群最後の大型前方後円墳となる。

ヒシャゲ山古墳から東南へ行くと、コナベ古墳の後円部側に出る。

コナベ古墳　墳丘全長約208.5 mの前方後円墳で、墳丘のくびれ部両側に造り出しがあり、明治に大阪造幣寮技師であったイギリス人、ウィリアム・ゴーランドがその整った姿をヨーロッパに紹介した古墳でもある。江戸時代には後円部頂が奈良時代の元正天皇陵とされ、山陵絵図には柵囲いされた後円部頂に石棺蓋石が露出している様子が描かれている。法華寺の持山で、松茸狩りの地であったと

コナベ古墳

伝え、明治18（1885）年に御陵墓見込地となり、現在は小奈辺陵墓参考地となっている。隣接するウワナベ古墳よりも古く、古墳時代中期前半（5世紀前半）の築造とみられ、外堤には二重に埴輪列が巡り、堤の外に幅の狭い外周溝

が巡るとみられる。古墳を取り囲むように外堤の西側から東北にかけて陪冢と
される方墳9基と円墳1基がみられ、コナベ古墳の外堤と陪冢の一部は奈良時
代に園池として利用されたことが発掘調査で明らかになっている。

　コナベ古墳の東には水を湛えた濠の中にウワナベ古墳（宇和奈辺陵墓参考
地）がある。

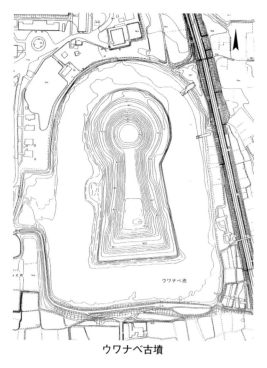

ウワナベ古墳

　ウワナベ古墳　墳丘全長約
255mの巨大な前方後円墳。
古墳時代中期中頃（5世紀中
頃）の大和では最大の前方後
円墳で、幅の広い盾形周濠が
めぐる。陵墓参考地となって
おり、墳丘へは立ち入れない
が、3段築成で、各段に埴輪
が巡り、葺石が施されている
とみられる。墳丘西側のくび
れ部に造り出しがあり、周辺
から須恵器片、濠内から魚形
土製品が採集されている。墳
丘は前方部が長いのが特徴的
で、大山古墳（仁徳陵古墳）
との墳形の類似性が説かれる
こともある。外堤には二重に埴輪列が巡り、埴輪には須恵質のものもあって、
外堤の外側にも幅10mの外周溝が巡ることが確認されている。

　ウワナベ、コナベの名は、ウワナベが後妻を意味する「ウハナリ」、コナベ
が先妻を意味する「コナミ」という呼称が転化したとみられ、二つの大古墳
は、いつの頃からか先妻、後妻の墓とみられるようになったようだ。『日本書

紀』には仁徳天皇の后、磐之媛が不在中に仁徳天皇が八田皇女を宮中に召した
ため、磐之媛が怒り、宮に戻ることなく、磐之媛は乃楽山に葬られたと記して
おり、先妻・後妻という呼び名は、この話を踏まえている可能性も考えられ
る。

　ウワナベ古墳の東側外堤を一部削って通る国道24号線は、古くから奈良山
越えのひとつである「不退寺越（古代の奈良坂＝平城坂）」を踏襲しており、
平城山を越える人々には、巨大なウワナベ古墳の姿がまず目に入る。被葬者が
磐之媛かどうかは別として、平安時代の『延喜式』が記す磐之媛の平城坂上墓
とは、先妻、後妻が逆になるが、ウワナベ古墳をさしていたのかもしれない。

　ウワナベ古墳とコナベ古墳の北側にある航空自衛隊幹部候補生学校の敷地に
は、コナベ古墳の陪冢以外に前方後円墳2基、方墳2基、円墳14基の存在が
確認されているが、そのほとんどは戦中、戦後に削平されてしまっている。こ
のうち、ウワナベ古墳の陪冢とみられる**大和6号墳**は、敗戦後、米軍キャン
プ奈良E地区の造成で消滅した直径25ｍの円墳で、人体埋葬が無く、九百枚
に近い大量の鉄鋌の出土が知られ、韓半島からもたらされた鉄素材を握る中期
古墳の被葬者の力をうかがうことができる。

　古墳時代中期の大王墓とみられる最大規模をもつ前方後円墳は、大和を離
れ、大阪平野の古市古墳群、百舌鳥古墳群に存在する。王墓の移動が王権の移
動を反映するものとみて、「河内王朝」の存在も説かれるところであるが、大
和、河内にまたがり畿内に権力基盤をおく王権において、大和や河内の区別は
あまり意味をもたないと思われる。大和東南部、北部の佐紀古墳群、西部の馬
見古墳群、河内の古市古墳群、和泉の百舌鳥古墳群はいずれも王家の墓域であ
って、王権の意思によって、その時期の政治状況に応じ、造営することに意味
のある地に王墓の造営地は決定されているのではないだろうか。古墳時代中期
には、佐紀古墳群では前期後半のように、その時期最大の王墓こそは、営まれ
ていないが、王の后や王族たちの墓域であったことに変わりはないようだ。

62

（3）春日と帯解の古墳

　奈良盆地の東辺北部には北から鹿野園台地、山村丘陵、和爾丘陵が小河川に

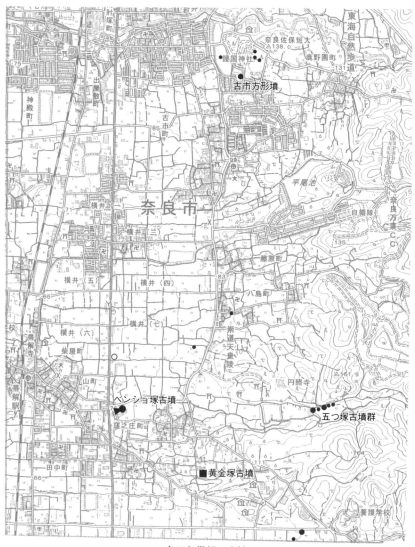

春日と帯解の古墳

区切られて、断続しており、盆地北部に勢力を持った和珥氏から分かれた春日氏、小野氏、粟田氏などの本拠地とみられている。古墳時代前期から中期の古墳があり、7世紀の奈良盆地東南部以外では唯一の塼積石室をもつ帯解黄金塚古墳の存在が注目される。近鉄奈良駅からバスに乗り、護国神社前で下車。吉備塚古墳のある奈良教育大学からなら、南へ約1㎞。護国神社境内には横穴式石室をもつ後期の小円墳が神社建設前に数基あり、金銅装馬具の出土が知られる。

　神社の南、春日苑の住宅地に接して古市方形墳（市史跡）が残っている。

●春日・帯解コース

近鉄奈良駅→古市方形墳→五つ塚古墳群→帯解黄金塚古墳→ベンショ塚古墳→山村町、下山バス停・JR帯解駅

※五つ塚古墳群まではバスも利用できる。円照寺または山村町下車。帰途は国道169号線の下山バス停も近い

　古市方形墳　一辺27ｍの方墳とされるが、墳丘の埴輪列は円形に巡り、円墳の可能性もある。埋葬施設は東西2基の粘土槨で、東槨からは鏡（二神二獣鏡・内行花文鏡・画文帯神獣鏡・盤龍鏡）、多数の玉類、琴柱形石製品、鉄製工具類が出土しており、時期は古墳時代前期後半（4世紀後半）とみられ、この地域では今のところ最も古く位置づけられる。

　大和三門跡と呼ばれる円照寺（山村御殿）の南側を正暦寺へ通じる道を行くと、円照寺門跡墓地の入口があり、道の南側に五つ塚と呼ばれる5基の古墳が並んでいる（市史跡）。

　五つ塚古墳群　この谷には6世紀後半から7世紀にかけての後期の小古墳が群集しており、この五つ塚もそうした群集墳の一支群であり、道沿いにあって見学しやすい。円墳、方墳、円墳、方墳、円墳の順に並んでおり、6世紀後半の円墳がまず築かれ、7世紀になって円墳の横に方墳が築かれたとみられる。小家族における世代交代が築造の契機となっているようだ。南に横穴式石室が開口していたが、危険なため現在はふさがれている。『日本書紀』は百済から

の渡来人己知部を添上郡山村に住まわしたのが山村己知部の祖としており、山村の群集墳はこうした渡来系の初期官人層と関わりが考えられるのではないだろうか。また、円照寺宮墓の裏山斜面にある**円照寺墓山1・2号墳**は直径13mほどの小円墳であるが、甲冑、武器類が多く副葬された古墳時代中期中頃（5世紀中頃）の古墳として知られる。

　円照寺参道入口に戻り、上山の集落を南に抜け、東へ歩くと、帯解黄金塚古墳（黄金塚陵墓参考地）がある。

黄金塚古墳の石室

黄金塚古墳墳丘周囲の石敷き

　帯解黄金塚古墳　明治に一部破壊を受けたため、陵墓参考地となっている。墳丘は一辺30mで、墳丘外周に2段の石敷帯をもつことが周囲の発掘調査で明らかになっており、飛鳥の寺院や宮殿遺構にも似た墳丘外装構造をもつ。墳丘を東西約120m、南北最大約65mのコの字状に囲む外堤をつくり、墓域としているとみられる。石室内部は見ることはできないが、宮内庁が公表している実測図を見ると、榛原石（溶結凝灰岩）の板状石材を積み上げた磚積横穴式石室で、全長約16m。玄室は長さ2.95m、幅3.3mと正方形に近く、玄室壁の上部は持ち送っている。唐尺（1尺 =0.295 cm）の10尺、11尺で設計されている可能性があり、羨道部分は玄門部分から約3mおきに柱状に側壁を突出させ、前室、前々室、羨道に区分しているとみられ、床にも板石を敷いていた可能性がある。墳丘の南西隅から出土した須恵器杯蓋から古墳の築造時期は飛鳥時代（7世紀中頃）の築造とみられ、外来の

「風水」思想や新技術をもとにつくられた古墳といえる。被葬者は7世紀の前半、推古朝に活躍した小野氏、春日氏ともかかわる高位の人物が想定される。

　山村町のバス停の西南すぐにベンショ塚古墳がある。

ベンショ塚古墳

　ベンショ塚古墳　全長77mの前方後円墳で、奈良市南部では最大の規模をもつ。前方部は西に向けるが、大きく削平され、工場が建っており、後円部頂には稲荷社が祀られている。墳丘の周囲には馬蹄形に周濠の地割も残るが、これも北側を除き、工場や民家が建っている。1990年に後円部上の稲荷神社社殿の建替えの際、発掘調査が行われ、後円部からは3基の粘土槨の埋葬施設が確認された。南槨からは鋲留眉庇付冑、三角板革綴短甲、革盾、馬具、鉄槍、鉄鏃、鉄斧、鉄鑿、砥石が出土している。墳頂に家、盾、蓋、鶏などの形象埴輪が立てられていたらしく、墳丘の一段目に円筒埴輪列が巡る。築造時期は古墳時代中期前半（5世紀中頃）とみられる。

ベンショ塚古墳出土の甲冑

　ベンショ塚古墳の北約300mには、県道敷設時の土砂採取で消滅した帯解丸山古墳があった。径32mの円墳で、銅鏡片、銀釧、ガラス製勾玉の他、鉄刀、鉄鉾、鉄鏃、短甲片、鹿角製刀子などが出土しており、ベンショ塚古墳に続く中期後半（5世紀後半）の築造とみられる。円照寺宮墓の墓山1・2号墳なども小規模な古墳でありながらも武具の副葬が際立って多く、5世紀の軍事指揮官がこの地域の被葬者像として浮かんでくる。

(4) 和爾と櫟本の古墳

　天理市の北部、櫟本町付近は、奈良市東南部と同じく、もと添上郡に属す。東大寺山古墳や赤土山古墳など古墳時代前期の前方後円墳や和爾遺跡、森本遺跡など古墳時代前期から中期に栄えた集落遺跡もあって、和爾町の地名も残し、『記紀』に大王の后妃を出し、盆地北部に勢力を持った和珥（和邇）氏の本拠地とみられている。和珥は「和土」、良質の埴土（赤土）の意だとされる。『日本書紀』では武埴安彦の乱を平定する際、大彦と和珥臣の祖である彦国葺は和珥の武鐰坂（丸邇坂）に忌瓮を据えて祀った後、兵を那羅山に進めたとしており、この地が大和東南部、狭義の「ヤマト」の北の境、境界であったとみられている。

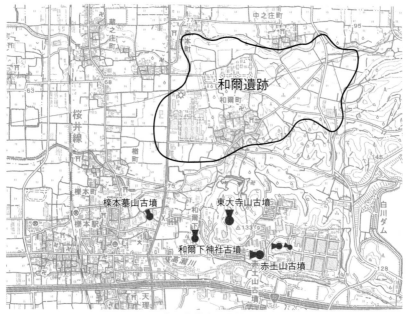

和爾と櫟本の古墳

●和爾・櫟本コース

JR 櫟本駅→和爾下神社古墳→赤土山古墳→東大寺山古墳→〈和爾遺跡〉→櫟本墓

山古墳→ JR 櫟本駅（または国道 169 号線から天理駅行バス）

　JR 櫟本駅から東へ歩き、国道 169 号線を渡ると、和爾下神社がある。『延喜式』に添上郡「和爾下神社二座」の一座とされる古社で、「上治道天王」あるいは柿本氏の祖神として「柿本宮」とも呼ばれている。神社前から西へ延びる道が竜田から河内へ繋がる「治道（龍田道）」で、「下治道天王」と呼ばれるいまひとつの和爾下神社（大和郡山市横田町）もこの道に沿ってある。「治道」は新しく作った道、「墾道」とみられ、東へは「都祁山道」が大和高原や東国に繋がり、古代から交通の要衝であったことがわかる。神社の社殿は前方部を北に向けた和爾下神社古墳の後円部上に建っている。

　和爾下神社古墳　全長約 105 mの前方後円墳で、埋葬施設は明らかでないが、墳丘裾で埴輪円筒棺が検出されている。古墳時代前期末から中期初頭（4 世紀末〜 5 世紀初頭）の築造とみられ、古墳と神社との関係が興味深い。墳丘西側の柿本寺跡には、寺の礎石とともに、もと付近の石橋に用いられていた播磨竜山石製

和爾下神社古墳の古墳石材

の石棺側石あるいは石槨天井石とみられる石材が置かれており、この古墳のものである可能性も考えられる。

　和爾下神社境内の東側にある住宅地の東端に赤土山古墳がある。

　赤土山古墳　1987 年以来、天理市が発掘調査を実施し、国史跡に指定され

赤土山古墳（北西より）

赤土山古墳突出部の埴輪復原

て、保存整備されている。調査当初は直線的な墳丘から前方部を西に向けた前方後方墳とみられていたが、調査の結果、全長106mの前方後円墳で、直線的な後円部は、古墳築造後にあった大地震、おそらくは東南海大地震が引き起こした地滑りによって崩落した結果とみられている。後円部の南側からは大量の土砂で埋まった埴輪列が立ったままで発見された。地震による地滑りで一度に滑り落ちたとみられており、後円部にあった埋葬施設の粘土槨も一部崩壊、後円部の南斜面からは腕輪形石製品や石製合子、玉杖頭部、石製模造品、管玉や勾玉などの副葬品が朱の混じる白色粘土とともに発見されている。後円部の東側の北寄り逆台形の突出部があり、見方によっては「双方中円墳」と呼ぶことも可能ではある。この突出部の南側には突出部や谷間などの地形を葺石で表現し、家形埴輪や水の祭祀場とみられる囲形埴輪、鶏形埴輪が置きならべられている。築造時期は古墳時代前期後半（4世紀後半）とみられる。

　国道に戻り、名阪国道（国道25号線）の側道を東に行くと、シャープ総合開発センターの西側に赤土山古墳が見えるが、ここからは行けない。シャープ総合開発センターの敷地には、敷地内にあった東大寺山古墳群の横穴式石室3基と小石室2基が移築保存されている。

　国道169号線から東に入ると、東大寺山の中腹に天理教城法大教会がある。

裏山はかつて奈良東大寺の所領であったことから東大寺山と呼ばれ、東大寺山古墳（北高塚古墳）がこの丘陵頂上にある。

東大寺山古墳　全長130m、前方部を北に向ける前方後円墳で、1961年に後円部で多数の刀剣類や石製品が出土したことをきっかけに天理大学附属天理参考館によって発掘調査が実施されている。墳丘は2段築成で、上下2段に円筒埴輪

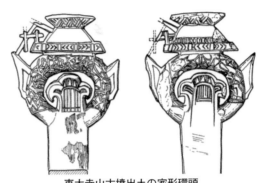

東大寺山古墳出土の家形環頭

列が巡り、後円部頂には盾、靫（ゆぎ）、甲冑、家などの形象埴輪が置かれる。後円部の埋葬施設は長さ6～7mの木棺を粘土で覆った粘土槨で、中世に盗掘を受けていたが、棺内から勾玉、棗玉（なつめ）、管玉などの玉類、腕輪形石製品、石製小型丸底壺・器台が出土しており、棺の左右両側からは粘土槨に封入された状況で鉄刀20、鉄剣9、鉄槍10、銅鏃260と鉄鏃33以上を装着した矢束、盾金具である巴形銅器、粘土槨南側からは革製短甲（たんこう）、草摺（くさずり）、盾が出土している。腕輪形石製品は51点出土しており、腕輪形石製品のなかでも格が最も高いとされる鍬形石（くわがたいし）が26点以上もあり、鍬形石の国内の発見例としては、最も多い。副葬された鉄刀は切先（きっさき）を南、刃部を棺側に向けて置かれており、鉄刀は実用ではなく、魔を避ける儀礼用の刀とみられている。柄頭（つかがしら）の部分が環状を呈する環頭（かんとう）大刀12振のうち、5振には三葉文を巡る環状部に花形（鳥形）や家形の装飾をもった国産（倭製）の青銅製環頭がつく。家形の装飾は竪穴住居を表したもので、佐味田宝塚古墳（広陵町）出土の家屋文鏡に表現された家とも類似し、「御霊屋（みたまや）」を表すとみる意見もある。

　数多い副葬品の中で最も注目されるのが、後漢の年号である「中平（西暦184～190年）」の銘をもつ鉄刀である。背に「中平□年五月丙午造作支刀百

錬清鋼上応星宿下辟不詳」の 24 文字が金象嵌され、刀身部は中国製だが、国産（倭製）の柄頭を取り付けている。他の大刀も、銘こそないが、中国製の可能性は高いとみられる。古墳の築造時期は前期の後半（4 世紀中頃〜後半）とみられ、2 世紀末の後漢でつくられた刀がどのように倭国に伝わり、この古墳に納められたのだろうか。後漢末、中国遼東地方で自立化していた公孫氏が倭国に共立された女王卑弥呼に与えたものとみる説もある。この周辺では今のところ最初に築かれた古墳で、赤土山古墳、和爾下神社古墳と続く、初期大和政権を支えた和珥氏の将軍が被葬者とみてよいのだろう。出土遺物が東京国立博物館の蔵品となっており、奈良で見られないのが、残念だが、興味は尽きない。

　東大寺山古墳の北側の丘陵の北西斜面は櫟本高塚遺跡。古墳時代後期の祭祀遺跡で公園となっている。谷を隔てた北側が和爾町、集落の中央に和爾坐赤坂比古神社があり東北に前期古墳の上殿古墳がある。北側に広がる和爾遺跡は古墳時代中期の大型の四面庇付掘立柱建物を中心とした建物群が竪穴建物とともに検出されている巨大集落であり、和珥氏の本拠地はこの地域に求められる。

　国道 169 号線の西側にある新池の南に櫟本墓山古墳がある。

櫟本墓山古墳　全長約 64 m の前方後円墳で、やや小さな前方部を北西に向けているが、墳丘すべてが墓地になってしまっている。採集されている埴輪片から築造時期は古墳時代後期前半（6 世紀前半）とみられている。

(5) 石上布留の古墳

　天理教本部一帯には、古墳時代の土師器に名付けられた「布留式土器」の名でも知られる布留遺跡が広がる。古墳時代の豪族居館、武器工房、祭場、倉庫群などがある巨大集落遺跡で、古代豪族物部氏の本拠地とみられている。この遺跡の東方にある石上神宮には西暦 369 年に作られ、百済王が倭王に贈ったとみられる七支刀（国宝）が伝来する。多数の武器が納められた石上神宮の神庫は、大和王権の軍事と祭祀を掌った物部連が管理した王権の武器庫としての役割も担っていたとされる。この布留遺跡の南には、我が国最大の前方後方墳である西山古墳、横穴式石室をもつ後期の西乗鞍古墳、東乗鞍古墳、巨石墳の塚穴山古墳、切石の横穴式石室をもつ峯塚古墳がある。また、天理市北部の豊田山丘陵にも大型横穴式石室をもつ後期前方後円墳がある。

─────●石上布留（杣之内古墳群）コース─────

JR・近鉄天理駅→西山古墳→塚穴山古墳→峯塚古墳→西乗鞍古墳・東乗鞍古墳→天理駅

※古墳散歩の前後に布留遺跡の展示もある天理大学附属天理参考館（0743 - 63 - 8414）を見学してもよい。

石上布留の古墳

　天理教本部の前の大通りを南に歩くと、天理大学の構内となり、天理高校の南側に西山古墳がある。

　西山古墳　我が国最大の前方後方墳で、全長185 mの規模をもっている。前方部を西に向け、3段に築かれた下段が前方後方形で、中段以上は前方後円形になっている。谷部を利用した長方形の濠が巡らされていたと考えられている。墳丘に樹木が無く、墳丘の形がよくわかる。墳丘には葺石と埴輪が認められ、戦時中

西山古墳

に後方部頂に対空砲陣地が構築された時に板石が掘り出されたと伝え、埋葬施設は竪穴石槨とみられる。銅鏡片、碧玉製石鏃、管玉、鉄剣、鉄刀が後方部から出土したとされる。また、前方部南から車輪石が発見されており、築造時期は古墳時代前期（4世紀後半）と考えられている。

　前方後方墳は東日本の前期古墳に多く存在し、東海地方にその起源をもつ墳形と考えられており、前方後円墳に次ぐランクの墳形ともされる。大和古墳群（おおやまと）にも6基の前方後方墳があり、大和王権を構成した東国と関係をもつ人物がその被葬者とも推定できるが、前方後方墳に前方後円墳を重ねた墳形をもつ西山古墳の被葬者は果たしてどのような人物だったのであろうか。

　西山古墳の北側、善福寺の墓地と接して、天井石を失った全長約17 mの塚穴山古墳の巨大な横穴式石室が露出している。失われた

塚穴山古墳の石室

峯塚古墳石室内部

峯塚古墳

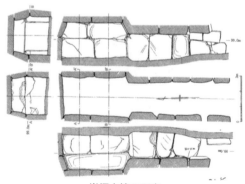

峯塚古墳の石室

石材は墓地の石造物にも利用されたようだ。

塚穴山古墳　直径65mの大円墳で、築造は古墳時代後期（7世紀初頭）とみられ、飛鳥石舞台古墳の石室にも匹敵する大石室は蘇我氏の対立勢力であった物部氏にいかにもふさわしい。

峯塚古墳　天理大学の東側の県道沿いに峯塚古墳の解説板が立っており、この東にある墓地の手前を東に入った竹林内にある。丘陵南斜面を大規模に削り、平坦面を造り出して墓域とし、その山際に直径35.5mの墳丘を造っている。墳丘は3段で、上段斜面には酒船石遺跡（明日香村）の石垣にも用いられる天理砂岩の長方形切石を貼り、中、下段と墳頂部には円礫を葺いている。石室は中段の南に開口する全長約11.11mの両袖式の横穴式石室で、羨道は1段で3石を並べ、入口近くは2段積みにしている。玄室は2段積みで、上段を内傾させ

る。奥壁は上下2石、側壁は下段2石で、上段は東壁が2石で、西壁は横に長い1石を置いている。玄室は飛鳥の岩屋山古墳とほぼ同規模で、羨道部分の長さは岩屋山古墳（明日香村）より短いが、羨道部入口付近の天井高を一段高くするなど、岩屋山古墳と共通する。天井石は玄室2石、羨道3石で、石材間には漆喰がみられる。こうした「岩屋山式石室」はその共通した設計の背景に造墓の専門技術集団の存在をうかがわせ、王権からの技術者派遣によって、造営可能な最高級の石室ということができる。このような石室をもつ峯塚古墳であるが、今のところは何ら指定保護の手が打たれていない。

　天理親里競技場（ラグビー場）の西には西乗鞍古墳がある。

　西乗鞍古墳　全長約118m、前方部を南に向けた前方後円墳で、後円部径に対して前方部幅が広く、築造時期が新しいことを示している。墳丘は周辺よりも一段高い平坦地にあり、周濠と外堤をもつ。平坦地の南側と東側では外濠がみつかっており、二重濠をもつことが明らかになっている。「乗鞍」の名前が示すように墳丘の高さが高く、埋葬施設は横穴式石室とみられ、周囲濠部から出土している埴輪や土器類から5世紀末頃の築造とみられている。西乗鞍古墳の西北、杣之内浄水場の西にある**小墓古墳**は全長80mの前方後円墳。周濠部分から人物、

西乗鞍古墳

馬、水鳥、高床式の家形埴輪など多くの形象埴輪や蓋形、翳形、盾形、刀形など墳丘上に立てられた木製立物が見つかっており、6世紀前半から中頃の築造で、この古墳も埋葬施設は横穴式石室の可能性が高い。

　西乗鞍古墳の東には東乗鞍古墳がある。

　東乗鞍古墳　全長75mの前方後円墳。前方部を西に向け、この古墳も後円

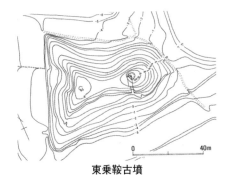

東乗鞍古墳

東乗鞍古墳石室内部

部径に対して前方部幅が広く、墳丘は二段に築成されており、後円部の南側に右片袖式の横穴式石室が開口しているが、石室の奥壁が崩壊し、土砂が流入しており、危険なため、現在は石室内へは入れない。石室は奥壁4段、側壁3〜5段、羨道2段積みにする。奥壁よりに阿蘇溶結凝灰岩製の刳抜式家形石棺があり、手前に二上山凝灰岩製の組合せ式石棺の底石が残っている。奥の石棺蓋の平坦面は狭く古いタイプであり、6世紀前半に位置づけられている。

杣之内古墳群には石舞台古墳にも匹敵する規模の石室をもつ塚穴山古墳や整美な「岩屋山式石室」をもつ峯塚古墳もあって、海獣葡萄鏡が副葬された奈良時代の杣之内火葬墓（親里競技場内に所在）へと続く有力豪族、物部氏（石上氏）が当然その被葬者候補に浮んでくる。ただ、天理市内には北部の豊田山丘陵にも**別所大塚古墳**（墳丘長 125 m）、**石上大塚古墳**（墳丘長107 m）、**ウワナリ塚古墳**（墳丘長 110 m）、**岩屋大塚古墳**（墳丘長 100 m？）など大型横穴式石室をもつ6世紀の大前方後円墳が所在し、切石の横穴式石室をもつ7世紀の**ハミ塚古墳**（方墳・東西 49 m）もあって、石上豊田古墳群といった群集墳の中に築かれたこれらの大前方後円墳は、いかにも軍団の長である物部氏にふさわしい。こちらを物部氏と関連付けることもまた可能である。大豪族物部氏は、その本拠地とみられる布留遺跡の南方と北方に一族の墓域をもっていたのだろうか。

Ⅲ
大和西北部の古墳

(1)奈良西部の古墳・(2)郡山と小泉の古墳・(3)額田
部の古墳・(4)生駒と平群の古墳・(5)斑鳩と三郷の
古墳

藤ノ木古墳の石室内部 （本文 98 頁参照）

（1）奈良西部の古墳

━━━━━━●奈良西コース━━━━━━

近鉄高の原駅→石のカラト古墳→近鉄高の原駅→近鉄西大寺駅→〈菅原東埴輪窯跡〉→宝来山古墳→近鉄尼ヶ辻駅→近鉄学園前駅→富雄丸山古墳

※石のカラト古墳へは近鉄高の原駅からバス「兜台3丁目」バス停下車すぐ

※富雄丸山古墳へは近鉄学園前駅からバス「若草台中央」バス停下車北へ徒歩5分

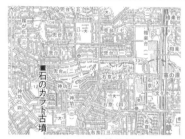

石のカラト古墳位置図

石のカラト古墳

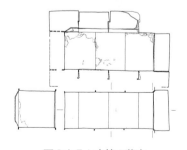

石のカラト古墳の墓室

　高の原駅から西へ住宅地内を歩くと、約20分で石のカラト古墳（史跡）の前に着くが、バスの便もある。

　石のカラト古墳　奈良県と京都府の府県境にあって、周辺は住宅地。奈良側は奈良市神功一丁目緑地、京都側は木津川市兜台二丁目緑地となっている。標高112m、丘陵緩傾斜面に築造された上円下方墳で、下段の一辺が13.7m、上円部は直径9.2mある。高松塚古墳（明日香村）と同じく凝灰岩切石を組み合わせた槨室（横口式石槨・内法寸法：長さ2.60m、幅1.03m、高さ1.065m）をもっており、この墓室を「唐櫃＝からと」とみたことから古墳の名となっているが、京都側からは「カザハヒ古墳」と呼ばれていた。墓室は埋めもどされ、貼石を施した墳丘が復元されている。墓室内から銀製、金製の玉、銀製唐様太刀金具、金箔、漆片が出土している。

　高松塚古墳、マルコ山古墳、キトラ古墳、石のカラト古墳の4基の古墳の墓室は大きさもほぼ同じだが、高松塚古墳の墓室天井部は平らで、石のカラト古墳の墓室はマルコ山古墳やキトラ古墳と同じく天井部を屋根形に掘り込んでいる。この4基の古墳は7世紀末から8世紀初頭の10～20年間の間につくられたとみられ、被葬者は7世紀末の王族、おそらくは天武天皇の皇子たちとみられるが、飛鳥ではなく、石のカラト古墳のみ盆地北端の奈良山に単独で存在している。石のカラト古墳の造営が平城京遷都以後ならば、天武天皇の皇子で、

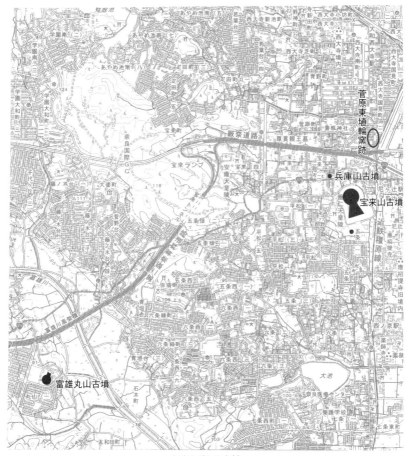

奈良西部の古墳

菅原東埴輪窯跡出土の埴輪

和銅8（715）年に薨去した長皇子や穂積皇子などが被葬者候補として浮かんでくる。

　近鉄大和西大寺駅から南に歩くと、菅原町。阪奈道路の手前に天平21（749）年に行基が没した喜光寺（菅原寺）がある。奈良時代末、天応元（781）年に土師古人（菅原道真の曽祖父）らは居地に因み、菅原と改姓、延暦元（782）年には土師安人が秋篠と改姓しており、菅原・秋篠の地は、埴輪制作や古墳造営に従った土師氏の本拠地であったことがわかり、菅原寺、秋篠寺がその氏寺とみられる。周辺の区画整理事業に伴う発掘調査では、喜光寺の東、500mの地点で古墳時代後期（6世紀）の埴輪窯跡6基が発見されて市史跡**菅原東埴輪窯跡**となり、遺跡は「菅原はにわ公園」として保存されている。『日本書紀』の語る土師氏が祖とする野見宿禰が殉死に替えて埴輪を作ったというのは史実ではなく、土師氏の祖先顕彰説話であるが、土師氏の菅原居住の契機は佐紀古墳群の造営とも関わるとみてよい。埴輪窯跡と喜光寺との間では、佐紀古墳群と同時期の4世紀後半から5世紀前半の豪族居館とみられる遺構が検出されており、これが土師氏の居館である可能性も考えられる。また、奈良市西北部に集中する古墳時代後期（6世紀から7世紀前半）の陶棺を納めた**赤田横穴墓群**（82頁）などの横穴墓は、土師一族や土師氏が率い、埴輪造りにも従事した土師部の人々の墳墓とみられている。

　菅原東で阪奈道路をくぐり、南に歩くと、近鉄尼ヶ辻駅の西側に宝来山古墳（垂仁天皇陵）がある。

宝来山古墳　宝来の地名は室町時代には確認でき、広い水面に浮かぶ古墳の姿が、神仙境の蓬莱山を連想させたのであろう。周濠と樹林で覆われた墳丘は近鉄電車の車窓からもよく見える。墳丘全長は約230m、西ノ京丘陵の先端を利用して築かれており、造り出しはもたない。周濠が盾形でなく、墳丘に沿っ

た鍵穴形（前方後円形）になっている
ことが特徴的である。墳丘は３段築成
で葺石を持ち、円形透し孔をもつ円筒
埴輪の他、家形、盾形、靫形などの形
象埴輪の存在が確認されている。

　奈良時代の『続日本紀』は「櫛見山
陵　生目入日子伊佐知天皇之陵也」と
しており、垂仁天皇の実在はともかく
として、この古墳が、平城京右京四条
三坊の地に含まれながら、削平を受け
ずに残されたのは、規模の大きさもあ
るが、奈良時代に『記紀』が記すとこ
ろの垂仁天皇（活目入彦五十狭茅尊）

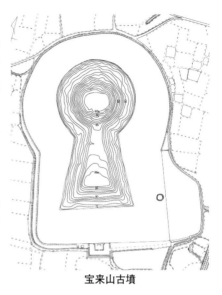

宝来山古墳

の山陵とみられていたからのようだ。前方部の東濠内にある小島は「田道間守
墓」とされているが、周濠東南部を溜池として拡張した際、旧外堤を削り残し
た防波のための中島ともみられている。

　幕末に佐紀古墳群の五社神古墳、石塚山古墳とともに盗掘を受け、「御棺は
石で高さ三尺ばかり、長さ六尺ばかり、幅三尺ばかり、覆い（蓋石）は『亀之
形』で幅四尺ばかり、長さ七尺ばかりあった」と記録されており、埋葬施設に
は長持形石棺が納められているとみられる。築造時期は３段築成の墳丘、長持
形石棺の採用などから中期初頭、４世紀末から５世紀初頭と考えられる。また、
周辺には陪冢とされる古墳が６基あり、西北にある**兵庫山古墳**は直径約40 m
の大型円墳で、江戸時代にはこの古墳が、菅原之伏見岡にあるとする安康天皇
菅原伏見西陵とされていた。

　宝来山古墳は奈良山丘陵南麓に営まれた佐紀古墳群とは離れ、西ノ京丘陵東
麓に営まれている。古墳の北側に通じる国道380号線は、生駒山を越えて大阪
に通じる旧暗越大坂街道で、西ノ京丘陵を越えた富雄谷には、この街道沿いに
富雄丸山古墳がある。

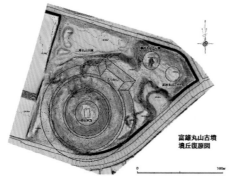

富雄丸山古墳墳丘復原図

富雄丸山古墳 古墳時代前期後半（4世紀後半）の全長109 mの造り出し付円墳であるが、円墳としては国内最大規模をもつことが2018年に行われた奈良市教育委員会の調査で明らかになっている。埋葬施設は粘土槨で、三角縁神獣鏡や腕輪形石製品（鍬形石）などの出土が知られ、墳丘には埴輪列が巡り、今後の発掘調査の進展が期待される。西ノ京丘陵と矢田丘陵にはさまれた富雄谷にはこの富雄丸山古墳以外に大古墳は存在せず、矢田丘陵を越えた生駒谷の竹林寺古墳とともに、宝来山、富雄丸山、竹林寺の3古墳は、ほぼ同時期に営まれており、その立地からも大和から河内に通じる生駒山越えの交通路の掌握とその誇示に関って営まれた可能性が高いとみられる。

赤田横穴墓群5号墓の陶棺出土状況
（陶棺は奈良市埋蔵文化財調査センターに展示）

（2）郡山と小泉の古墳

　郡山は柳沢家15万石の城下町。西ノ京丘陵の南端に豊臣秀長が築いた郡山城があり、古代律令期の添下郡郡衙も城が築かれたこの「郡山」の丘陵上にあったと推定される。郡山城跡の発掘調査では埴輪片が出土しており、古墳の存在も推定される。郡山城の石垣には奈良時代の礎石や中世の石仏、石塔が多く転用されており、城内本丸（柳沢神社東）の柳沢静山（柳沢保申）伯爵頌徳碑前には築城で破壊された古墳のものか、築城時に持ち込まれたものかはわからないが、竪穴石槨の天井石あるいは石棺材かとみられる播磨竜山石の石材がある。

●郡山・小泉コース

近鉄郡山駅→郡山新木山古墳→割塚古墳→笹尾古墳→小泉大塚古墳→六道山古墳→ JR 大和小泉駅

郡山と小泉の古墳

郡山新木山古墳

市街地の南、丸山の交差点の東南に郡山新木山古墳（郡山陵墓参考地）がある。

郡山新木山古墳　丸山古墳とも呼ばれる。前方部を西南に向けた全長約122 mの前方後円墳で、西側くびれ部に造り出しをもち、盾形の周濠が巡る。陵墓参考地となっており、内部についての情報が少ないが、墳丘の形状から古墳時代中期中頃（5世紀中頃）以降の古墳と考えられ、この付近では最大の前方後円墳である。

アジサイで知られる矢田寺（金剛山寺）や大和民俗公園に向かう道の途中、奈良工業高等専門学校前を南に入ると、千日町の住宅地内の公園に割塚古墳（市史跡）がある。

割塚古墳

割塚古墳　6世紀前半の直径49 mの大型円墳である。刳抜式家形石棺を納めた全長13.6 mの片袖横穴式石室をもつが、天井石を欠くため、埋め戻されている。出土した金銀装垂飾付耳飾は加耶あるいは新羅からの舶載品とみられる。

矢田から南へ行くと、やまと精神医療センター（旧松籟荘病院）があり、その構内に笹尾古墳の横穴式石室が開口している。

※病院構内にあるため、見学の際には病院事務所の了解を得たい。

笹尾古墳石室内部

笹尾古墳　1982年に発見された直径27 mの円墳で、石室の全長は12.5 m、凝灰岩製家形石棺が納められていたとみられる。6世紀末から7世紀前半に築かれたとみられ、割塚古墳とともに添下郡矢田郷を本拠地とした矢田宿祢、矢田朝臣、矢田部造な

どの在地氏族との関わりも考えられる。

　大和盆地を借景とする庭園で知られる慈光院に向かう県道を東へ行くと、道の北側にある県営小泉団地の入口東側に小泉大塚古墳がある。

小泉大塚古墳　矢田丘陵から東南に延びた小泉丘陵の最高所にあり、前方部を西に向けた全長88mほどの前方後円墳であったが、前方部を失い後円部（径50m）だけが残っている。墳丘は二段築成で葺石や埴輪はみられない。1962年に県営団地建設に先立って発掘調査が行われ、1996年に再調査されている。埋葬施設は後円部の中央に南北に設けられた全長5.5mの竪穴石槨で、墓壙の壁際まで裏込めの塊石を積み上げている。内行花文鏡、画文帯神獣鏡などの中国鏡（舶載鏡）7面、鉄剣、

小泉大塚古墳の竪穴石槨

刀子、鉄斧などが出土し、玉類の装身具が無く鏡に三角縁神獣鏡を含まないなど古い様相から、古墳時代前期の前半（4世紀初頭）の築造で、盆地東南部以外では最も古くに造られた前方後円墳とみられている。なお、周辺には後期古墳の小泉東狐塚古墳や狐塚古墳が県営団地内にあったが、現存しない。

　慈光院の南には六道山古墳がある。

六道山古墳　全長100mの前方後円墳で、丘陵先端に前方部を北西に向けて

つくられているが、前方部は削平され、駐車場になっている。周濠は無いが、墳丘周囲に幅約30mの盾形の平坦面をもっている。墳丘築成土から5世紀末頃の須恵器杯が出土しており、古墳時代中期末から後期初め（5世紀末～6世紀初頭）の築造とみられる。

六道山古墳

(3) 額田部の古墳

　近鉄平端駅周辺は平群郡の東端。駅の西側が額田部丘陵で、この丘陵南端が佐保川と大和川の合流点となる。大和川水運の川港のひとつ板屋ヶ瀬浜があり、この地域は古代から大和川の水上交通の中心的役割を果たしていた。丘陵上と西裾に古墳が点在し、丘陵南端にある額安寺は額田氏あるいは額田部氏の氏寺とみられ、平城京大安寺の造営を担った僧、道慈はこの額田氏出身とされる。この寺に伝来した奈良時代の「額田寺伽藍幷条里図」（国宝）には額田寺の堂塔、寺領田畠とともにいくつかの古墳を「墓」として描いており（推古神社古墳、舟墓古墳など）、「額田宿祢先祖」と記したものもある。ここに描かれた古墳には現存する古墳と合致するものもあって、墳丘長40～50mの後期の小型前方後円墳であることが特徴的である。

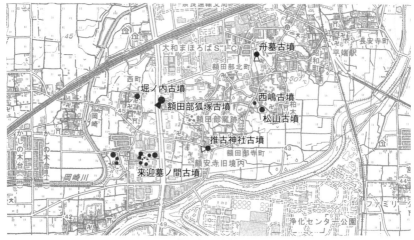

額田部の古墳

━━━━━━━━●額田部コース━━━━━━━━

近鉄平端駅→西嶋古墳→松山古墳→推古神社古墳→来迎墓ノ間古墳群→堀ノ内古墳

→額田部狐塚古墳→舟墓古墳→〈筒井順慶墓所〉→近鉄平端駅

平端駅から額安寺へ向って県道を南へ行くと、道の東側に西嶋古墳がある。

西嶋古墳　サンジョ山とも呼ばれ、直径32mの円墳とされるが、県道や住宅で削られており、規模はさらに大きかった可能性がある。出土遺物等は全く知られていない。

西嶋古墳の東には松山古墳がある。

松山古墳　直径52mの古墳時代中期（5世紀初頭）の大型円墳で、周濠を備え、二段築成の墳丘一段目に円筒埴輪列がめぐる。額田部丘陵にある古墳の中では最大規模をもち、現時点では額田部で最初に築造された古墳であり、額田部ではこの古墳以降に古墳が継続して築造される。

松山古墳

推古神社古墳　神社本殿と末社によって南側が削平されているが、全長約40mの前方部を西に向けた前方後円墳とみられる。円筒埴輪片と須恵器片が採集されており、中期後半から後期初頭（5世紀末〜6世紀初頭）の築造とみられる。

額安寺の前を過ぎ大和中央道を越えると市公園墓地があるが、墓地の中で小高くなっている古くからの共同墓地部分が古墳来迎墓ノ間古墳群である。

来迎墓ノ間古墳群　円墳7基、方墳1基、前方後円墳1基が知られ、額田部西古墳群とも呼ばれている。西北にあった4号墳（9号墳として残される）は全長約35mの前方後円墳であるが、出土遺物等はまったく知られない。西方

の安堵町窪田の墓地にも円墳5基が確認でき、木棺直葬を埋葬施設とした初期群集墳の可能性がある。

　墓地から北へ行くと、鎌倉時代の文殊菩薩騎獅像（県指定文化財）を伝える西町の集落となるが、この集落の南側で、削平された南方古墳（円墳・後期・径23m）が発掘調査で確認されている。

　集落の東北端には堀ノ内古墳がある。

堀ノ内古墳　径20mの円墳で、上部が削平されているが、採集された埴輪から中期末から後期初頭（5世紀末〜6世紀初頭）の築造とみられている。

　西町から大和中央道（県道108号線）の交差点に出ると、南方の次の信号までの間、道路の中央分離帯の幅が広く南行車線が高くなっているが、この道路の下に額田部狐塚古墳がある。

額田部狐塚古墳　後円部の上を盛り土して道路を通し、前方部西南隅が分離帯に残されている。前方部を南に向けた全長約50mの前方後円墳で、額田寺「条里図」にもその形が描かれる。埋葬施設は昭和41（1966）年、後円部で同時埋葬とみられる組合せ式木棺が2基検出されている。北棺から画文帯神獣鏡、金銅製冠帽片、琥珀製棗玉と銀製空玉の頸飾り、金製耳環が出土し、棺の両側には鉄刀と鉄剣が添えられ、西側には挂甲、馬具、鉄鏃が副葬される。南棺からは管玉とガラス玉の頸飾り、銀製耳環が出土し、そ

額田部狐塚古墳

の西側には鉄鏃が多数副葬されており、6世紀前半の代表的な後期古墳として知られる。額田部狐塚古墳の埴輪は、継体天皇の擁立に関わったとみられるこの時期の尾張、近江、山城、摂津地域の古墳に使われた「尾張系埴輪」であり、額田部氏が継体朝の重要な支持勢力であったことをうかがわせている。

　額安寺の北には鎌倉時代の額安寺再興時の額田部瓦窯跡（史跡）とその東に忍性墓を中心とした鎌倉墓と呼ばれる額安寺五輪石塔群（重要文化財）があり、その東北丘陵上には横穴式石室をもつ鎌倉山古墳がかつてあった。6世紀末〜7世紀前半の築造とみられ、現時点ではこれが額田部では最も新しい古墳となる。

　舟墓古墳　額田部丘陵の北端に営まれた前方後円墳で、額田寺「条里図」には「舟墓　額田部宿祢先祖」と記されている。

　船墓山融福寺北側の丘が後円部とみられ、前方部は削平されている。採集されている埴輪片や須恵器から6世紀前半の築造であることがわかる。

舟墓古墳

　融福寺前を東に歩くと、近鉄平端駅だが、駅の北側の踏切を渡り、約100m行くと、筒井順慶墓所（重要文化財）があり、あわせて見学したい。

（4）生駒と平群の古墳

　生駒山地と矢田丘陵の間を流れる竜田川の上流部が生駒谷、下流が平群谷となる。生駒谷の古代の中心地は壱分にある往馬大社（往馬坐伊古麻都比古神社）周辺とみられ、弥生時代中期からの壱分遺跡群が広がるが、古墳は竹林寺古墳が生駒谷唯一の前方後円墳として知られるにとどまる。平群谷は古代豪族、平群氏の本拠地とされ、5世紀から7世紀にかけての古墳があり、巨石を用いた横穴式石室を有する6世紀後半の前方後円墳、烏土塚古墳の時期が平群氏の最盛期とみられるが、これは『記紀』が葛城氏とともに大臣であったと記す平群氏の活躍時期とは相違をみせている。

●生駒・平群コース

①近鉄一分駅→竹林寺古墳→近鉄一分駅

②近鉄平群駅→三里古墳→〈長屋王墓・吉備内親王墓〉→ツボリ山古墳→西宮古墳→烏土塚古墳→近鉄竜田川駅

※烏土塚古墳石室の内部は平群町教育委員会（中央公民館）に事前に連絡すると見学できる。

竹林寺古墳周辺図

　近鉄一分駅から南西へ歩き、第2阪奈道路をくぐると、西側の山手に奈良時代の高僧、行基の墓所のある竹林寺がある。行基は文殊菩薩の化身とされ、竹林寺の名も文殊の霊場中国の五台山竹林寺に由来する。この行基の墓所の南方、竹林寺参道の東側に竹林寺古墳がある。

竹林寺古墳　生駒山から東にのびる尾根の南斜面に築かれた前方後円墳で、前方部を東に向けている。前方部端が住宅地で削られており、全長が明らかでないが、後円部の直径が45mあり、墳丘の全長は、6、70mはあったとみられる。後円部の南側の高まりは造り出しとみられ、墳丘には葺石が葺かれ、埴輪列も存在するようだ。盗掘を受け、昭和14（1939）年に発掘調査されており、埋葬施設は古墳の主軸に平行するように礫を敷き、粘土床に置いた木棺を粘土と礫で覆い、板石を竪穴石槨の天井石のように並べ、さらにそれを礫や割石を覆うように積んだもので、粘土槨と竪穴石槨の複

竹林寺古墳

竹林寺古墳（北東より）

合したような構造をもっていたようだ。埋葬施設に用いられたらしい割石や礫は現在も後円部で見られる。盗掘をまぬがれた「長宜子孫（ちょうぎしそん）」銘の内行花文鏡（ないこうかもんきょう）、石釧（いしくしろ）、刀剣片、鉄釘が出土している。墳頂に並べられていた家形埴輪も出土しており、築造時期は古墳時代前期後半（4世紀後半）とみられている。

　古墳の北700mある往馬大社（いこま）の東側一帯に広がる壱分（いちぶ）コモリ遺跡では、車輪石、双孔円板、ミニュチュア土器など祭祀遺物が出土する方形区画が発掘調査でみつかっており、古墳時代の豪族居館跡とも推定されている。生駒の神を祀る往馬神社とともにこの古墳との関係が気になるが、古墳の南側には、中河内

へ通じる暗越大坂街道（国道308号線）が通り、古墳の東側には北河内へ通じる清瀧街道（国道168号線）が通る。こうした交通の要所に竹林寺古墳が立地していることに注目したい。矢田丘陵を越えた富雄谷の富雄丸山古墳、さらに西ノ京丘陵を越えた尼ヶ辻の宝来山古墳（垂仁天皇陵古墳）もまた、ほぼ同じ時期に旧暗越大坂街道沿いに営まれている。古墳が政治的記念物である以上、その造営地点の選定には交通路の確保、示威など王権の意思がその背景にあったことが推定される。生駒谷に単独で存在する竹林寺古墳は、単に竜田川上流地域に勢力をもつ生駒の在地豪族の墳墓ということだけではなさそうだ。

　古墳のすぐ北側に行基墓所があり、南600mには、明治5年に墓誌（重要文化財）が発見された奈良時代の火葬墓、美努岡萬墓がある。

平群の古墳

　平群駅の東北には6世紀後半築造の三里古墳（県史跡）がある。

三里古墳　墳丘が削平されており、墳形は明らか
でない。横穴式石室も上部を採石によって失ってい
るが、奥壁に石棚を設けていることが注目される。
石棚をもつ横穴式石室をもつ古墳は和歌山県紀ノ川
流域に多く、奈良県内で現在、確認できる3基のう
ち、2基は、県南部、吉野川（紀ノ川）流域に築造
されたもので、和歌山のものと同じく緑色片岩を用
い、石棚も床面から1m以上の高さに設置してい
る。この三里古墳の石棚は花崗岩の板石で、高さも
40cmと低く設置しており、石棚といってもその構

三里古墳

造がやや異なる。ただ、古墳の西北には平群坐紀氏神社があり、平群氏と紀氏
との関わりを考えさせる古墳ではある。金銅装鐘形杏葉、鏡板など豪華な馬
具と金銅装ハート形鏡板のやや実用的な馬具の他、土器類、武器類、ガラス玉
等が出土しており、烏土塚古墳（史跡）とほぼ同じ6世紀後半の築造と考えら
れている。

　三里古墳から西北に歩くと、奈良時代の「悲劇の宰相」として有名な長屋王
墓と吉備内親王墓がある。長屋王墓のほうは周辺
の発掘調査で6世紀前半の全長45mの前方後円
墳（梨本南2号墳）の後円部であることが明らか
になっている。吉備内親王墓も6世紀の古墳を利
用した可能性が指摘されている。

ツボリ山古墳　竜田川を渡り、平群町中央公民
館の西側住宅地内にあり、墳丘は当初の姿を留め
ていない。一辺20m程の方墳と考えられ、三里
古墳に続く7世紀初頭の築造とみられている。南

ツボリ山古墳

94

に開口する横穴式石室には玄室中央と羨道に各1基の二上山凝灰岩製の剖抜式
家形石棺が納められている。

　平群神社の西、廿日山丘陵にある平群中央公園の南斜面には西宮古墳（県史
跡）が築かれている。

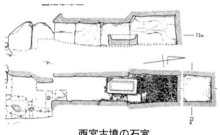

西宮古墳の石室

　西宮古墳　7世紀中頃から後半
の一辺36mの方墳で、3段に築
成され、墳丘左右と後方の三方に
堀割を廻らし、北側と東西尾根を
取り込み、墓域としている。墳丘
には全面に貼石が施され、傾斜部
分に扁平な石を、平坦部分に丸み

のある石を用いている。墳丘南側、下段の平坦面に整美な花崗岩切石の横穴式
石室が開口する。岩屋山古墳（明日香村）と同じく、石室入口の天井石と側石
を墳丘の勾配に合わせて加工しており、扉状の施設によって閉塞し、石室入口
を露出させていたことがわかる。石室は奥壁、側石、天井石がともに1石で、
岬墓古墳（桜井市）よりもさらに石材の1石化が進んでいる。羨道側壁には方
形の1石が5石並び、2石は天井石の外側に並ぶ。石材の目地には漆喰が残る。

西宮古墳

西宮古墳石室内部

床面には近世に礫石経が敷かれているが、本来は花崗岩切石を敷きつめていたとみられている。棺蓋を失った播磨竜山石製の刳抜式家形石棺が残り、石棺の外面上下には、菖蒲池古墳（橿原市）にみられる梁と土居桁を表現したような帯状突帯の造り出しがある。皇極天皇2（643）年、蘇我入鹿の襲撃によって生駒山に逃れ、自害した山背大兄王の「平群郡北岡墓」の可能性も指摘されているが、平群氏がその祖神を祀った社ともみられる平群神社に隣接して所在すること、烏土塚古墳（史跡）のほぼ真北に築造されていること、7世紀代にも平群神手や平群宇志など平群氏は政権中央で活躍していることなどからみて、平群谷の古墳はやはり、平群氏歴代の墳墓と考えたほうが良さそうだ。

　近鉄生駒線の竜田川駅西側の住宅地の中に取り残された小山が平群谷最大規模の前方後円墳、烏土塚古墳。

　烏土塚古墳　1968年に周辺の住宅開発が計画され、発掘調査が行われた。地元の保存の声の高まりにより、周辺部は削られたもの

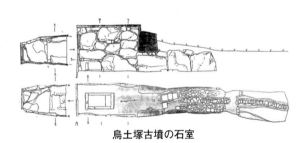

烏土塚古墳の石室

の、古墳の墳丘部はなんとか保存された。この烏土塚古墳の保存が、地元の「平群史蹟を守る会」創設の契機となっており、守る会の活動によって、平群町内では古墳や旧跡の案内板や解説板がよく整備され、古墳の草刈りもボランティアで行われている。

　南北方向の独立丘陵に築造された古墳時代後期（6世紀後半）の前方後円墳で、墳丘全長は60.5m、前方部を北に向けている。墳丘は段築せず、葺石もなく、墳頂にまばらに円筒埴輪を並べていたとみられ、墳丘の西側裾に幅約2mの区画溝が確認されている。後円部南側に開口する横穴式石室は全長14.2m、玄室の奥壁はほぼ垂直に2段、側壁はやや内傾させて4、5段に巨石を積

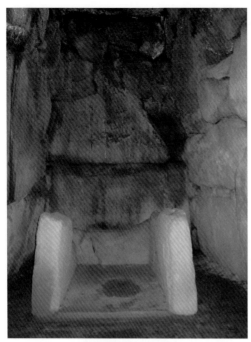

烏土塚古墳石室内部

み上げており、越塚古墳（桜井市）の石室と類似する。玄室の高さは4.48m、飛鳥の石舞台古墳に次ぐ高さをもち、奥の天井石は特に大きいものを使っている。玄室中央と羨道奥寄りに二上山凝灰岩製の組合せ式家形石棺が納められ、玄室部の石棺側石外面には斜格子の線刻があることが確認されている。盗掘を受けているため、出土量は少ないが、石棺周囲からは金銅装馬具・象嵌文様がある金銀装太刀などの武具・四獣鏡・須恵器・土師器等の副葬品が出土しており、豪華な副葬品の片鱗をうかがうことができる。また、石室入口部からは、須恵器子持器台・須恵器大甕・巫女形埴輪・家形埴輪が出土しており、前方後円墳の墳丘上やくびれ部、造り出し部で行われていた祭祀が、古墳時代後期には石室前で行われるようになったことがわかる。前方部に立つと、平群谷が一望でき、北側の丘陵にある西宮古墳が望見できる。

　平群谷には、この他にも5世紀後半の竪穴系横口式石室をもつ**剣上塚古墳**や5世紀後半の古式の穹窿型横穴式石室をもつ**椿井宮山古墳**（県史跡）、6世紀前半の**柿塚古墳**などもあり、平群谷の南方の竜田道沿いには、7世紀の平群氏の氏寺とみられる平隆寺もある。

(5)　斑鳩と三郷の古墳

　聖徳太子が斑鳩宮、斑鳩寺（法隆寺）を営んだ斑鳩の地では、藤ノ木古墳が有名で、その副葬品からは当時の工芸技術、葬送儀礼の在り方をつぶさに知ることができ、未盗掘の大型古墳の副葬品の質量には驚きを感じさせられる。聖徳太子の上宮王家との関わりも想定される御坊山古墳群が現地に残っていないのは残念であるが、駒塚古墳、斑鳩大塚古墳、仏塚古墳など斑鳩宮造営前史を知る上で、重要な古墳が所在する。

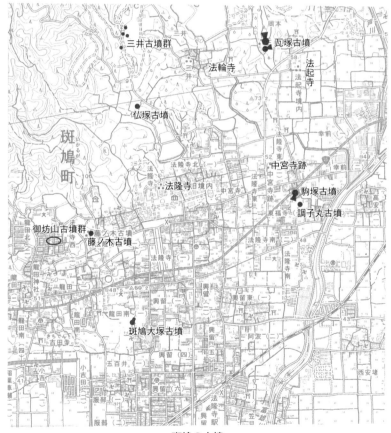

斑鳩の古墳

●斑鳩・三郷コース

ＪＲ法隆寺駅→斑鳩大塚古墳→〈斑鳩町文化財センター〉→藤ノ木古墳→仏塚古墳

→駒塚古墳・調子丸古墳→ JR 法隆寺駅・JR 三郷駅→三室山２・３号墳→ JR 三郷駅

※藤ノ木古墳の副葬品（国宝）は奈良県立橿原考古学研究所附属博物館（橿原市畝
　傍町）で展示されているが、古墳の東南にある斑鳩文化財センターで精巧なレプリ
　カが常設展示されている。藤ノ木古墳の石室内部は年２回（春・秋）に公開される。

斑鳩小学校の南に斑鳩大塚古墳があり、古墳上に忠霊碑が建っている。

斑鳩大塚古墳　昭和 28（1953）年、忠霊塔の建設工事中に、割竹木棺を納
めた粘土槨が発見され、銅鏡２面（二神二獣鏡、鋸歯文縁鏡）、筒形銅器、石
釧、管玉、短甲、刀剣、鉄鏃、などが出土しており、5 世紀前半の築造とみら
れる。従来、直径 35 mほどの円墳とみられていたが、2013 年から行われた奈
良大学と斑鳩町教育委員会の共同調査によって、周濠をもつ前方後円墳である
ことが明らかになっている。

　斑鳩町役場の東側を北へ藤ノ木古墳（史跡）に向い、東へ入ったところに**斑
鳩町文化財センター**があり、藤ノ木古墳調査のドキュメンタリー映像を見るこ
とができ、藤ノ木古墳の副葬品の精巧なレプリカが常設展示されている。斑鳩
町の遺跡を中心に特別展も開催される。（無料・水曜休館・0745 - 70 - 1200）

藤ノ木古墳　法隆寺の西約 500 mにある直径 48 mの大型円墳で、円筒埴輪
をもつが、葺石や周濠は無い。主体部は西南に開口する全長約 14 mの横穴式
石室（玄室長 6.1 m）で、奥壁を 3
段、側壁を 4 ～ 5 段にほぼ垂直に石
材を積み上げている。石室床は礫敷
で、二上山凝灰岩製の刳抜式家形石
棺が奥壁近くに石室主軸に直交して
納められている。石棺の短辺には縄

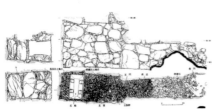

藤ノ木古墳の石室

掛突起がなく、内外面には水銀朱を塗っている。棺内には2体の成人男子が東頭位で埋葬され、金属製 空玉 の首飾り、耳環を着け、南側人物はガラス製足玉、北側人物は頭部から背面に1万個近いガラス玉を 玉簾 状にした被り物を着ける。北側人物頭部付近に3面、南側人物頭部付近に1面の銅鏡があり、棺内北側に大刀と剣、南側に大刀3口が添えられ、足元には銅製大帯、金銅製冠、2対の金銅製履を副葬する。石室内には石棺前西寄りに須恵器高杯、杯、瓺、器台、台付壺などの土器類が約60個体まとまって置かれ、石棺と奥壁の間から馬具、挂甲、鉄鏃、鉄刀、玉類、小型鉄製農工具などが出土している。3組ある馬具のなかで、金銅装の一組は意匠を凝らした文様やデザインが随所に見られ、東アジアの馬具の中でも一級資料とされる。特に鞍金具には竜、鳳凰、象などの禽獣文や鬼神文、パルメット文が透かし彫りされた華麗な一品である。

　石棺内の2体の同時埋葬というのは、異常で、埋葬の背後には、何らかの事件が想像される。副葬品は超一級品であり、石室の規模などからも当時の政権中枢にあった人物が想定される。被葬者の有力な候補として、用明天皇の死後、皇位を狙い、蘇我馬子に殺された穴穂部皇子と宅部皇子が挙げられているが、6世紀末の古墳の時期とも矛盾はない。付近には前後につながるような古墳はいまのところ見当たらず、地域の有力豪族ではなく、王族が被葬者である可能性が高いが、王族であれば、聖徳太子の斑鳩宮造営以前から斑鳩の地は王家と関わりがあった地ということにもなる。

　なお、1964年、藤ノ木古墳の西方、尾根南斜面では、龍田北一丁目の住宅地造成工事中に7世紀後半の**御坊山古墳群**が発見されている。3号墳は刳抜式棺室（「横口式石槨」）に漆塗陶棺を納めたもので、三彩陶硯とガラス製筆軸が副葬されており、「御坊山」の名は「御廟山」に由来するとみられ、聖徳太子の上宮王家との関わりが想定されている。刳抜式棺室や出土遺物は橿原考古学研究所附属博物館（橿原市）で展示されている。

　法隆寺西大門から、境内を通り抜けて、東大門を出ると、築地塀沿いに北へ行く道がある。道はやや西へ振れており、斑鳩宮や斑鳩寺（法隆寺若草伽藍）

の方位とも一致する。この道をたどると天満池という溜池に出る。池の西を500 mほど行くと、法隆寺の背後の広い谷の中央部の水田の中に仏塚古墳（県史跡）の森が見える。

仏塚古墳

仏塚古墳の石室

仏塚古墳　一辺23 mの方墳とみられ、周囲には空壕がめぐることが明らかになっている。横穴式石室が南に開口しており、石室の全長は現状で9.4 m、下部1〜2段に大型の石材を用い、玄室部は6〜9段に石材を横積みにする。羨道部は2〜4段に積んでいる。玄室の床面の礫敷の下には壁に沿って環状に巡る排水暗渠が敷設されている。1976年に保存のための発掘調査が行われ、奈良西北部に多い亀甲形陶棺が納められていたことがわかった。馬具、金環、刀子などの副葬品や出土した副葬土器から6世紀末頃の古墳であることがわかるが、奈良三彩壺、灰釉陶器皿、土馬など奈良〜平安時代の遺物も出土しており、古墳に対する祭祀が後世に行われたことをうかがわせている。

　また、石室内からは鎌倉時代から室町時代、13〜15世紀にかけての遺物が数多く出土している。100点以上の瓦器椀、400点を数える土師器皿の他、瀬戸華瓶、瓦質土器の香炉・六器、金銅幡片などの仏具、金銅阿弥陀如来立像、塑像断片などの仏像があり、石室が鎌倉時代中頃から室町時代初めには、仏堂として利用されていたことがわかる。また、これらの仏教関係遺物の中に混じって火葬人骨片もあり、蔵骨器としても使用される土師器羽釜も出土していることから、納骨堂としての利用もうかがわせる。「仏塚」の名もこうした中世

の利用から付けられた名前なのであろう。仏塚古墳から谷を隔てた東方には斑鳩地域の中世以来の惣墓である極楽寺墓地があり、仏塚古墳は中世庶民信仰を知る上でも重要な遺跡といえる。

　方墳といった当時の大王陵と同じ墳形をとる仏塚古墳の被葬者は、中央政権を構成する有力豪族とみられるが、古墳の造営時期が、聖徳太子が斑鳩宮を営む推古天皇9（601）年とも近く、太子の妃、膳菩岐岐美郎女（きさき かしわでのほききみのいらつめ）を出した膳氏を想定する説もある。膳氏には膳斑鳩（かしわでのいかるが）という人物もいて、聖徳太子以前からの斑鳩との関わりをうかがわせ、菩岐岐美郎女の父親である膳傾子（かしわでのかたぶこ）は太子とともに物部守屋討伐軍に参加しており、聖徳太子の支持勢力でもあった。仏塚古墳の東方にある法輪寺は膳三穂娘（菩岐岐美郎女か？）が壇越で、高橋朝臣（膳氏）がその寺務を預かったと伝え、膳氏との関わりを伝えている。

　仏塚古墳の北方にあるゴルフ場、法隆寺カントリー倶楽部敷地内には6世紀後半の円墳からなる群集墳、**三井古墳群**があり、松尾寺への参道が群中最大の8号墳の上に通じている。また、法輪寺の東方、三井瓦窯跡（史跡）のある尾根上には5世紀前半の**瓦塚1号墳**（全長97ｍ・前方後円墳）、**瓦塚2号墳**（全長約95ｍ・前方後円墳）があり、1号墳からはウワナベ古墳（奈良市）でもみられる魚形土製品が出土している。瓦塚1・2号墳の位置は小泉の古墳とも位置的に近く、小泉の古墳に含める考え方もある。

　国道25号線「法起寺口」バス停の南側に駒塚古墳がある。

駒塚古墳　聖徳太子の愛馬、「黒駒」を葬った塚と伝えているが、前方部を南に向けた前方後円墳である。前方部が削られており、本来の墳丘全長は不明だが、現状で約49ｍが残る。壺形埴輪が出土しており、古墳時代前期（4世紀後半）の築造とみられ、斑鳩町内では最古の古墳となる可能性があ

駒塚古墳

る。また、その南100mには、聖徳太子の舎人で「黒駒」の世話をした「調子麿（調使麻呂）」の墓と伝える**調子丸古墳**がある。駒塚の傍らに沿ってあるので、こうした伝承が生じたのであろうが、太子信仰の篤さがうかがえる。現状で直径14mの円墳で、築造時期等を知る手がかりは今のところないが、駒塚古墳ともあまり隔たらない時期ともみられる。また、駒塚古墳の西側に隣接して、もと東福寺という寺があり、幕末の天誅組事件に参加し、勤王志士として活動した伴林光平の「駒塚の茅屋」はここにあったことが知られる。

　斑鳩から河内へ通じる竜田道はいくつかの経路があったとみられ、竜田大社から三室山（137m）を越すルートには、三室山2・3号墳（町指定文化財）がある。

三室山2・3号墳　関屋川西岸から三室山に通じる遊歩道沿いにあり、三室山中腹に東面して南北21.5m、東西17.5mの長方墳が2基並んでいる。墳丘周囲に堀割を設け、南北60m、東西43m以上の共有した墓域を造っている。1墳丘に横穴式石室が2つある双室墳で、南側の2号墳の南石室が開口している。出土遺物は知られていないが、7世紀前半に同一規格で築造された「双墓」のようすがよくわかる古墳である。

三室山2・3号墳位置図

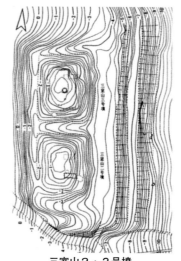

三室山2・3号墳

Ⅳ

国中と大和西南部の古墳

(1)国中の古墳・(2)王寺と香芝の古墳・(3)馬見古墳群（中央部）・(4)馬見古墳群（南部）・(5)当麻の古墳・(6)葛城の古墳・(7)南葛城の古墳

池田９号墳出土の人物埴輪　（本文 130 頁参照）

（1）国中の古墳

────────●国中探訪コース────────

近鉄池部駅→〈河合町中央公民館文化財展示室〉→川合大塚山古墳群→島の山古墳
→三宅古墳群→黒田大塚古墳→近鉄黒田駅

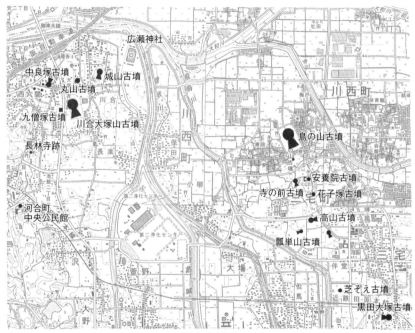

国中の古墳

　大和盆地中央部は国の最中（もなか）、「国中（くんなか）」と呼ばれる。古くから稲作の
中心地でもあり、盆地縁辺部のように多くの古墳は集中していないが、大和川
と曽我川、飛鳥川、寺川などの合流地点に近い低平地に川合大塚山古墳（河合
町）や島の山古墳（川西町）といった大型前方後円墳が築造されており、三宅
町から田原本町にかけては後期（6世紀）の中小型前方後円墳が分布しており、
後世の耕作によって削平された小古墳は数多いとみられる。

〈河合町中央公民館文化財展示室〉　近鉄池部駅の西南すぐにある河合町中央公民館旧館３階に文化財展示室があり、ナガレ山古墳や大塚山古墳群など河合町内の遺跡から出土した遺物が展示公開されている。事前に申し込めば見学できるので、古墳歩きの前に見学したい。例年、秋に開催される「河合町の文化財展」開催中は事前申し込み不要。中央公民館ロビーには江戸時代から明治時代中頃まで大和川水運で使われた「魚梁船」の復元模型も展示されている。（月曜、祝祭日、年末年始を除く、問合せ先：河合町生涯学習課0745‐57‐2271・2272）

　池部駅から北へ800ｍほど行くと、川合大塚山古墳（史跡）が見える。
　所在地地の「川合」が示すように大和川と曽我川、飛鳥川の合流地に近い位置に、大塚山古墳を中心に中良塚古墳、城山古墳、丸山古墳などが営まれており、大塚山古墳群と呼ばれる。馬見古墳群の一部として馬見古墳群北群と呼ばれる場合もある。

川合大塚山古墳　古墳群中最大の大前方後円墳で、墳丘長197ｍの規模をもつ。前方部を南に向け、墳丘周囲に水田となった周濠と外堤が巡り、堤の外側にも幅約15ｍの外周溝が発掘調査で確認されている。墳丘は３段築成で、葺石と埴輪列をもつ。後円部頂上に盗掘時の窪地があって、かつては板石が散乱していたと伝え、竪穴石槨の存在が推定される。明治41（1908）年に大和盆地で行われた陸軍特別大演習の際には、平地部にあって見晴らしが良かったためか、大元帥である明治

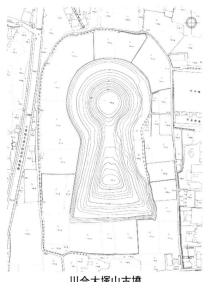

川合大塚山古墳

天皇の演習統裁地となり、前方部頂上にはその記念碑が建っている。埴輪と須恵器の器形を模した土師器の出土が知られ、築造時期は中期後半（5世紀中頃〜後半）とみられている。

大塚山古墳の外堤西側に接してある方墳の**九僧塚古墳**（くそうづか）は、大塚山古墳造営に伴って造られた副葬品埋納用の陪冢とみられ、東側の対称位置にも同様の方墳が存在した可能性もある。

大塚山古墳の北にある**丸山古墳**は径約48mの円墳とされるが、南に短い前方部をもつ帆立貝形古墳の可能性もある。また、西北にある**中良塚古墳**（なからづか）（高山1号墳）は墳丘長88m、前方部を北に向けた前方後円墳で、大塚山古墳に続いて築造されたとみられている。中良塚古墳の西南には径30m〜10mの**高山2〜4号**の円墳が点在する。東北にある**城山古墳**は墳丘長109m、前方部を南に向ける前方後円墳で、6世紀初頭の築造とみられ、大塚山古墳とともに中世には河合城として利用されたため、城山と呼ばれている。

大塚山古墳群付近は古代の広瀬郡下倉郷あるいは長倉里に属していたとみられ、西南約400mにある7世紀の古代寺院、長林寺跡からは「長倉（人）寺瓦」とのヘラ書き瓦が出土している。古墳群西部の「穴闇」（なぐら）の地名や中良塚古墳の中良（なから）も「長倉」に由来するとみられる。古墳の北側の川合には近世まで「川合浜」と呼ばれた川港もあり、長倉は古代大和川水運の物資集積場と考えられる。水の神として古代から崇められた広瀬神社も近く、大塚山古墳の被葬者は大和と河内をつなぐ大和川水運を掌握、管理した王族と考えてよいのだろう。

川合から曽我川を渡ると、磯城郡川西町。さらに飛鳥川の堤を越えると、平地の中に島の山古墳（史跡）の森が見えてくる

島の山古墳　標高48mの盆地の中央低地に単独で営まれた大前方後円墳で、「島根山」とも呼ばれ、水濠に囲まれた全長200mの墳丘は「島」の名前にふさわしい。江戸時代の鉱物学、博物学の祖ともされる木内石亭（きうちせきてい）の『雲根志』（うんこんし）に和州唐院村の神代石として紹介される鍬形石（くわがたいし）は、この古墳の出土品とみられ

る。明治 15（1882）年に後円部の竪穴
石槨が盗掘を受けており、アメリカのメ
トロポリタン美術館に伝わる出土品はこ
の明治の盗掘時のものとみられる。ま
た、盗掘後に石材として持ち出された播
磨竜山石製の石槨天井石が古墳付近の
比売久波（ひめくわ）神社や川西町ふれあいセンター
に残る。

　昭和 7（1932）年には前方部中央の竹
やぶの開墾中に車輪石（しゃりんせき）が出土しており、
1994 年から行われた橿原考古学研究所
の発掘調査では、前方部の地表面からわ
ずか 10 ㎝で埋葬施設である東西方向の
粘土槨（ねんどかく）が発見された。副葬品には、石製
合子、獣形鏡があり、鍬形石（くわがたいし）、車輪石（しゃりんせき）、
石釧（いしくしろ）など 133 点に及ぶ腕輪形石製品（石
製腕飾類）が粘土槨の上面に貼り付けた
状態で検出され、ひとつの埋葬施設から
の出土数としては最も多い。副葬品に腕
輪形石製品が顕著なことはこの古墳の特
徴といえる。

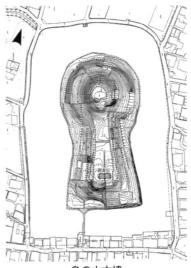

島の山古墳

島の山古墳前方部の埋葬施設と腕輪形石
製品の出土状況

　腕輪形石製品は弥生時代の南海産の貝
製腕輪を祖型とする権威を示すための玉器で、材質は碧玉と呼ばれているもの
の、緑色凝灰岩製のものが多い。車輪石がオオツタノハ、鍬形石がゴホウラ、
石釧がイモガイ製の貝輪を模したものとされる。三角縁神獣鏡の副葬に遅れ
て、古墳に副葬されるようになり、定型化した甲冑が副葬されるようになると
姿を消すため、前期古墳と中期古墳を区分する資料ともされる。石材の産地に
近い北陸地方で作られたとみられ、王権によって配布、供与され、鍬形石が上

108

鳥の山古墳から出土した腕輪形石製品

位で、車輪石、石釧の順に階層差が反映されるとも考えられている。

島の山古墳前方部粘土槨の被葬者については武器、武具の副葬が極端に少なく、手玉があることから呪術的、宗教的指導者である巫女を想定し、後円部の竪穴石槨に政治的、軍事的指導者の男王が葬られたという見方もできる。『古事記』に品陀和気命（応神天皇）が娶った糸井比売の父と記す「嶋垂根」をその被葬者と推定する説もある。

島の山古墳の埴輪は円形透し孔を持つものが多いが、三角形、方形、半円形などの透し孔をもつものもあって、これも古墳時代前期と中期の過度的なあり方をみせる。造り出し部も方形でなく、三角形に張り出した「ヒレ」状をしており、同一水面の盾形周濠を備えるなど、馬見古墳群の巣山古墳（広陵町）と築造時期、規模や外形が類似する。また、川合大塚山古墳（河合町）とは、築造時期に約半世紀の開きがあるものの、その立地や規模が類似する。島の山古墳が大和川を指向して造られているのは確かだろう。この島の山古墳が築造された4世紀末に大和川で繋がる河内では古市古墳群の造営が開始される。東南の三宅町は大和政権の直轄地「屯倉」が推定される地であり、政権の重要な経営基盤である盆地四方を見渡す地に葬られた人物の重要性がうかがえる。

寺の前古墳

三宅古墳群　島の山古墳から南に歩くと、安養院墓地があり、墓地の西に、現存墳丘長約34mの小型前方後円墳、**寺の前古墳**がある。周囲の水田は周濠の地割をよく残している。東約120mの位置にある安養院境内も墳丘長50m程度の前方後円墳

とみられる。飛鳥川と寺川との間、寺川堤から黒田へ通じる筋違道（太子道）が通る一帯が古代の「三宅原」で、近鉄田原本線までの間には**高山古墳、瓢箪山古墳、アンノ山古墳**などの墳丘長 30 ～ 50 mの小型前方後円墳や**花子塚古墳**や**芝ぞえ古墳**などの円墳が分布し、三宅古墳群と呼ばれている。三宅町教育委員会によって瓢箪山古墳が発掘調査されており、墳丘長 40 mの前方後円墳で、巫女、馬、盾、犬形埴輪などの形象埴輪をもち、古墳時代後期（6 世紀前半）の築造であることがわかる。他の古墳も 5 世紀末～ 6 世紀前半に位置づけられるものが多く、小さいながらも前方後円墳という墳形をもっており、三宅古墳群は大和政権の直轄地「倭屯倉（やまとのみやけ）」を管理した王権直属の役人「伴造（とものみやつこ）」クラスがその被葬者と想定されている。

　近鉄田原本線の黒田駅の西南にある黒田大塚古墳（県史跡）も盆地中央部の古墳時代後期の古墳である。

　黒田大塚古墳　墳丘長 70 mの前方部を西に向けた前方後円墳。周濠をもつが、埋め立てられ、墳丘の周囲も削り取られて一回り小さくなっている。田原本町教育委員会による周濠部分の発掘調査では墳丘上に立て並べられていた円筒埴輪、蓋形埴輪や蓋形、鳥形などの木製立（きぬがさがた）

黒田大塚古墳

物が出土し、前方部北側に方形の造り出しがあることが確認されている。2 段築成の墳丘は葺石をもたず、埋葬施設は未調査のため不明だが、6 世紀初頭の築造が考えられ、市尾墓山古墳（高取町）のような古式の横穴式石室をもつと推定できる。

　田原本町内では近鉄石見駅に近い**笹鉾山 1 号墳**（ささほこやま）が全長 88 mの 6 世紀前半の前方後円墳で、2 号墳（円墳）からは、飾馬と馬丁の埴輪が 2 組出土している。人物埴輪や石見型埴輪で知られる**石見遺跡**（三宅町）（いわみ）もまた、6 世紀前半の全

長 35 m 程度の前方後円墳の可能性が高い。田原本町役場の西、田原本小学校
と幼稚園の付近に広がる羽子田古墳群は完全に削平されているが、発掘調査に
よって、周濠や埴輪が検出され、これまでに 22 基の古墳が確認されている。
明治 29（1896）年に類例の少ない牛形埴輪が出土した羽子田 1 号墳も、やは
り 6 世紀前半の前方後円墳で、出土した牛形埴輪は重要文化財に指定されてお
り、笹鉾山 2 号墳の埴輪とともに唐古・鍵考古ミュージアム（田原本町・0744
- 34 - 7100）で見ることができる。

羽子田 1 号墳出土の牛形埴輪（重要文化財）

(2) 王寺と香芝の古墳

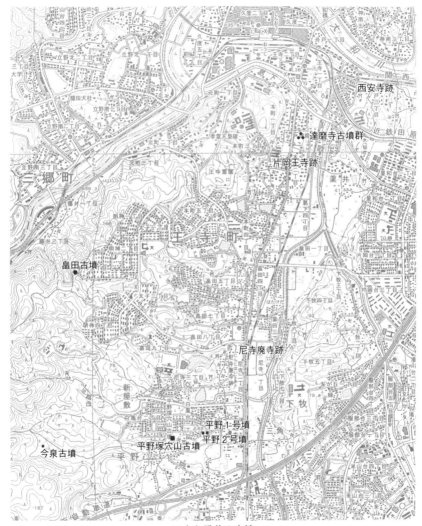

王寺と香芝の古墳

　馬見丘陵の西側、王寺町から香芝市にかけて葛下川が北流する片岡谷は、馬見古墳群のある丘陵東側と比べると、古墳が少ない地域だが、7世紀に入ると、大型の横穴式石室をもつ平野1、2号墳や組合せ石槨をもつ平野塚穴山古墳などの終末期の古墳が営まれ、片岡王寺（放光寺）や片岡尼寺などの古代寺院が営まれている。

●王寺・香芝探訪コース

近鉄・JR王寺駅→達磨寺古墳群→（バス）→畠田古墳→〈尼寺廃寺跡〉→平野塚穴山古墳→JR志津美駅→JR香芝駅→〈二上山博物館〉→近鉄下田駅・JR香芝駅

　王寺駅から葛下川を渡り、南へ行くと大和では数少ない臨済宗の禅寺、達磨寺がある。本堂裏にある文安5（1448）年の達磨寺中興記石幢は重要文化財。推古天皇21（613）年に聖徳太子が片岡山で飢えた人に会ったという話は『日本書紀』にも記されるが、後世、この飢人が達磨大師の化身であったとする信仰によって、この達磨寺が建立される。達磨寺の本堂は、廟としてこの達磨大師の墓とされた古墳（達磨寺3号墳）の上に建てられたもので、かつては石室の天井石が本堂の西側に露出していたという。本堂の北東に1号墳、南東に2号墳があり、いずれも横穴式石室をもつ径16m程度の小円墳である。聖徳太子の時代よりも古く、6世紀末頃の築造とみられ、達磨寺古墳群と呼ばれている。

達磨寺1号墳

　達磨寺古墳群　1号墳は全長約6mの両袖式の横穴式石室が開口しており、境内にある聖徳太子の愛犬だという「雪丸」の石像はもとこの古墳に祀られており、達磨大師の墓の番犬を勤めたのだと伝えている。なお、達磨寺と道を隔てた西側の王寺小学校が王寺町の町名ともなっている片岡王寺跡、明治まで金堂跡、

塔跡の土壇や礎石を残しており、四天王寺式伽藍をもち7世紀前半の創建とみられる。学校の西にある放光寺はその後身で、片岡神社はその鎮守社と伝えている。

　達磨寺から明神一丁目行バスに乗り、「明神四丁目」で下車、住宅地の南側に下り、香芝市との境界沿いに西へ行くと、東南に延びる尾根の南斜面に畠田古墳（県史跡）が単独で所在している。

畠田古墳　直径15ｍの円墳で南に開口する全長約9ｍの横穴式石室をもっており、7世紀初頭の築造とみられる。被葬者は推古朝前後に斑鳩と聖徳太子墓のある河内科長谷を結ぶ道が通る「片岡」で活躍した人物と考えられている。
　明神山（274.9ｍ）を越える送迎越の道は、聖徳太子が河内と斑鳩を往来した道だという伝承があって、明神山からの展望は抜群。国道168号線に戻り、南へ行くとすぐ香芝市、国道の西側に尼寺廃寺跡（尼寺北廃寺）がある。東に向いた法隆寺式伽藍をもち、片岡尼寺ともみられており、南へ約200ｍ行った般若院周辺にも礎石が残り、尼寺南廃寺と呼ばれる。

　西名阪自動車道の香芝IC.の北側、平野の正楽寺西側に平野塚穴山古墳（史跡）がある。

平野塚穴山古墳　明神山から東に延びる尾根の南斜面につくられている。一辺が18ｍあるいは21ｍとみられる方墳で、古くから凝灰岩の切石を組み合わせた石室が開口しており、江戸時代は傍丘磐杯丘に葬られたと伝える顕宗天皇陵とされていた。石室の全長は4.47ｍ、棺を納めた玄室部は長さ3.05ｍ、幅は長さの2分の1で1.5ｍ。天井までの高さは1.76ｍを測る。唐尺（1尺＝約29.5㎝）で、長10尺、幅5尺、高6尺に設計されている可能性が考えられる。玄室の床に幅約60㎝の切石を敷き、その上に奥壁1石、側壁2石、天井石2石を組み合わせている。石材目地には漆喰が残る。羨道部も玄室の長さの2分の1で設計され、床、両壁、天井石は1石で、天井石と両壁の玄室入口部

平野塚穴山古墳の墓室内部

分を幅約60cm、9〜10cm突出させ、床石を彫り込んで仕切り石（敷居）をはめて玄門部をつくっている。羨道入口部分の床石左右には2石の切石を伏せており、入口を扉石で閉塞していたとみられる。構造は凝灰岩切石を組み合わせた高松塚古墳やキトラ古墳のような7世紀末の組合せ棺室（横口式石槨）に短い入口、羨道部があると考えればよい。この石室の形態に最も類似するのは、百済の王陵とされる陵山里古墳群の東下塚古墳の石室（大韓民国忠清南道扶余）である。玄室の幅は全く同じで、高さや長さは塚穴山古墳のほうがやや短い。石室内からは麻製の編物を漆で固めた籃胎棺と麻布を漆で固めた夾紵棺（脱乾漆棺）、二種類の漆棺の破片が出土しており、棺身が籃胎で、棺蓋が夾紵とみられている。副葬品としては、銀製空玉、金環、銅椀片とみられる銅片が出土している。漆塗棺や石室材としての凝灰岩の使用からも、古墳の時期は、7世紀後半に位置づけられる。

　大化2（646）年に出されたと『日本書紀』に記される「大化の薄葬令」では、「王より以上の墓は、其の内の長さ九尺、濶さ五尺」とし、上臣、下臣は、長さ濶さはこれに準じよとするが、塚穴山古墳の石室の幅（濶さ）はこれに合致するが長さはこれよりも長い。天武天皇の第一皇子、高市皇子は、持統天皇10（696）年に没し、『延喜式』は、その墓である「三立岡墓」は大和国広瀬郡にあるとする。塚穴山古墳の時期を7世紀末とみて、高市皇子を被葬者とみる説もあるが、塚穴山古墳の所在地は葛下郡に属し、広瀬郡ではない。

　東方に平野1号墳・2号墳、3・4号墳などの7世紀の古墳もあって、片岡の地に安定した勢力をもっていたとみられる敏達天皇系王族の墓、茅渟王の片岡葦田墓とみる説もある。茅渟王は敏達天皇の孫、舒明天皇の異母兄弟で、宝皇女（皇極天皇）の父だが、生没年等不明な点が多い。また、百済の古墳との類似から百済最後の王、義慈王の子で、「百済王」姓を受け、持統天皇7（693）年頃、日本で没したという善光（余禅広）なども被葬者候補にあげられている。

　なお、塚穴山古墳に隣接する正楽寺の阿弥陀石仏（平安後期・香芝市指定文化財）は凝灰岩製で、付近の古墳の石棺底石転用の可能性を残す。尼寺廃寺跡が平野塚穴山古墳の東北約900mにあり、寺の造営主体は塚穴山古墳の被葬者とも無関係では無いとみられる。

〈香芝市二上山博物館〉　香芝市内および二上山周辺地域を中心とした考古、歴史資料の展示公開はふたかみ文化センターにある二上山博物館で行っている。JR香芝駅下車、西へ徒歩約12分または近鉄下田駅下車西へ徒歩約8分。（有料・休館　月曜・祝日の翌日・年末年始・0745-77-1700）

(3) 馬見古墳群（中央部）

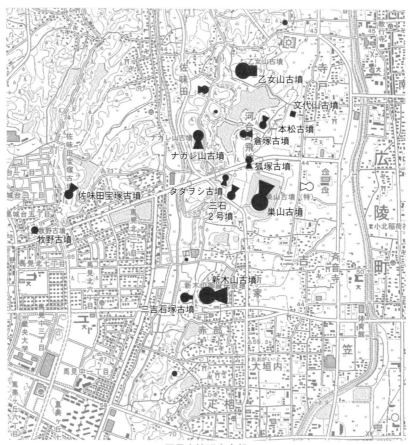

馬見古墳群中央部

　馬見丘陵は奈良盆地西部にある標高65m〜80m、南北約7km、東西約3km
の南北に長い低丘陵で、西が葛下川、東は高田川によって画される。古墳は丘
陵の東麓と東南麓に営まれており、明治以降、北葛城郡に属しているからか、
古代豪族の葛城氏と結び付けて理解しようとする考え方があるが、古墳のほと
んどは河合町、広陵町（旧広瀬郡）に所在している。広瀬郡を古代の葛城の範

囲に含めるには違和感があり、葛城氏に関連づけるには問題が多いように思われる。盆地東部の大和・柳本・纏向古墳群、盆地北部の佐紀古墳群あるいは河内、和泉の古市・百舌鳥古墳群とも対応する王陵群、大王家の墓域のひとつである可能性を考えたほうがよいだろう。中央部には巣山古墳と新木山古墳、2基の大前方後円墳を中心に前方部の短い帆立形前方後円墳、中小型の前方後円墳が集中している。

●馬見古墳群中央部探訪コース

近鉄池部駅→乙女山古墳→ナガレ山古墳→巣山古墳→佐味田宝塚古墳→牧野古墳→三吉石塚古墳→新木山古墳→〈馬見丘陵公園〉→（バス）→**近鉄五位堂駅・近鉄大和高田駅。または徒歩で近鉄箸尾駅。**

※県営馬見丘陵公園へは近鉄池部駅から公園北口まで徒歩2分。近鉄五位堂駅からバス「馬見丘陵公園」下車または近鉄大和高田駅からバス竹取公園東下車。

※乙女山古墳、ナガレ山古墳の出土品は河合町文化財展示室（中央公民館旧館・事前予約制・0745 - 57 - 2271）、巣山古墳の出土品は**広陵町文化財保存センター**（広陵町役場横・平日開館・0745 - 55 - 1001）で展示公開されている。馬見丘陵公園公園館にも簡単な古墳の解説展示がある。牧野古墳石室内の見学には広陵町教育委員会への事前申し込みが必要。

馬見丘陵公園公園館の東北 200 mに乙女山古墳（史跡）がある。

　乙女山古墳　前方部が短くて低く、平面形がホタテ貝のような形をしている「帆立貝形前方後円墳（帆立貝式古墳)」の典型とされている。帆立貝形前方後円墳は方形の張り出し部（造り出し）がついた円墳とは一応、分けられているが、その区分は難しい。前方部の長さが後円部（円丘部）直径の約3分の1、前方部の幅が後円部直径の2分の1程度の前方後円墳を「帆立貝形（式）前方後円墳」とし、張り出し部の長さが円丘部の4分の1あるいは5分の1以下と規模の小さなものを「造り出し付円墳」と呼ぶべきだとする意見もある。

乙女山古墳

馬見古墳群の中央部丘陵端にあって、後円部径が103ｍ、前方部の長さは30ｍで、後円部の約3分の1、前方部の幅は52ｍあって約2分の1となる。この古墳には別に、後円部の南西に幅23ｍ、長さ11ｍの造り出しもある。前方部を盆地側（東側）に向けており、盾形（馬蹄型）の周濠が巡り、後円部側の渡堤で周濠は四分割され、平地側の東側と南側の外堤は幅広く造られ

ている。後円部は3段に築成され、1段目が前方部に繋がる。墳丘斜面には葺石が施され、墳頂を白色礫で覆っていたらしい。墳頂付近にはかつては、朱の着いた粘土も見られたと伝え、埋葬施設は粘土槨とみられる。勾玉、臼玉の他、刀子などの滑石製の石製模造品の出土が知られている。築造時期は古墳時代中期前半（5世紀前半）と考えられている。

この古墳の西南造り出し部の発掘調査では、墳丘2段目裾を巡る円筒埴輪列が検出されているが、用いられた円筒埴輪は径約20㎝と小ぶりである。バラス敷の造り出し部には家形や楕円形埴輪が立てられ、蓋形や壺形埴輪、籠形土器も出土しており、円筒埴輪内に小型丸底土器や円板状土製品が納められた状態で出土している。造り出し部は、被葬者への飲食物の供献などの儀礼が行われる場であったことがわかる。

馬見古墳群には乙女山古墳の他に池上古墳、佐味田狐塚古墳、三吉2号墳、三吉石塚古墳など帆立貝形の前方後円墳がいくつかあり、乙女山古墳はこの中でも最大の規模をもち、後円部の大きさだけでなら、巣山古墳（後円部径約109ｍ）にも匹敵する。ただ、前方部が短いという規模や形状の差は階層秩序を表すようで、帆立貝形前方後円墳の被葬者は円墳よりは優位で、前方後円墳に次ぐ階層とみてよいようだ。佐味田狐塚古墳、三吉2号墳が巣山古墳、三吉石塚古墳が新木山古墳といった大前方後円墳に随伴するような位置に営まれており、被葬者に王を補佐する立場、軍事指導者、政治権を握る男王に対する宗

教祭祀権をもつ巫女としての女王を想定する説もある。

　公園館の南 300 mにはナガレ山古墳（史跡）がある。

　ナガレ山古墳　墳丘全長が105
m、前方部を南に向ける中型の前方
後円墳。全国的に見れば、墳丘長が
100 mを越える前方後円墳であれ
ば、その県内最大の古墳である場合
も多く、県内最大の前方後円墳が
100 mに達しない県も数多いのだ
が、大和では「中型」である。この
古墳は丘陵頂部に造られており、

ナガレ山古墳

「お太子山」と呼ばれ、かつては西側の佐味田の谷から古墳の優美な姿が望ま
れたというが、1975 年の土取りによって後円部の東裾と前方部東裾が破壊され
た。現在は土取りされた東半分を古墳築造当時に復原し、古墳築造当初の姿が
よくわかるよう整備し、残された西半分は遺存状況のままで保存されている。
奈良県内に古墳は数多いが、それぞれが個別の歴史的価値を有しており、一度
失えば、その代替は無い。不幸な古墳の破壊を約 20 年の歳月をかけ、復元整
備によって新しい価値を付加し、活用へと繋いだ関係者の努力に敬意を払いた
い。
　墳丘は 2 段築成で、墳丘周囲を削って基盤平坦面を造っており、周濠はもた
ない。後円部の径が 64 m、前方部の幅が 70 mとやや前方部が開くが、後円部
の高さのほうが 3 mあまり高い。1 段目と 2 段目の裾に円筒埴輪列が巡り、後
円部北西部分には盾形埴輪を配した埴輪列をさらに 1 列並べる。1 段目裾の埴
輪列の外側には、安山岩の板石を並べ古墳を区画している。墳丘斜面全面に葺
石が施される。東側くびれ部から前方部寄りで 1 段目の埴輪列に直交する 2 列
の埴輪列が見つかっており、この部分に対応する 2 段目の埴輪列が途切れてい

ることから、墳丘への通路（墓道）と考えられている。くびれ部付近はバラス敷で、家形、盾形、囲形（かこいがた）などの形象埴輪や刀子、斧、槍、ヤリガンナなどの石製模造品が出土しており、祭祀儀礼がくびれ部で行われたことがわかる。後円部の埋葬施設はすでに失われているとみられるが、粘土槨であったようだ。前方部中央南寄りでも組み合せ木棺を納めた粘土槨が発見されている。この墓壙内からは供献された円板状土製品や籠目土器が出土し、被覆粘土に刀形、鋤先形、鎌形の鉄製品を埋め込んでいたが、棺内には当初から副葬品は納められていなかった。築造時期は古墳時代中期初頭（5世紀初頭）で、巣山古墳（すやま）（特別史跡）に後続する古墳である。

　公園内にはナガレ山古墳の東に谷を隔てて**一本松古墳**（墳丘長130ｍ）、**倉塚古墳**（墳丘長180ｍ）といった中期初頭（4世紀末〜5世紀初頭）とみられる前方後円墳と方墳の**文代山古墳**（ぶんじろやま）（5世紀後半）がある。また、巣山古墳の北西にあった帆立貝形の**佐味田狐塚古墳**は道路で分断され、路面塗装で墳丘範囲が表示されている。公園内には北今市1・2号墳（香芝市）の組合せ式家形石棺も保存されている。

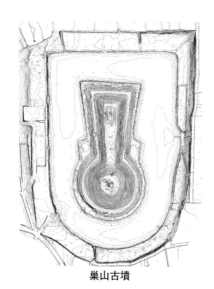

巣山古墳

巣山古墳　墳丘長約220ｍ、馬見古墳群の中では最大規模をもつ前方後円墳で、築造時期は古墳時代中期初頭（4世紀末〜5世紀初）とみられている。前方部を北に向け、盾形の幅広い周濠が巡り、濠の周囲には幅約30ｍの外堤をもつ。墳丘は3段築成で、西側の外堤や墳丘の第1段は丘陵斜面を削り出し、周濠の掘削土を東外堤や墳丘に積み上げたとみられ、前方部頂上には長方形壇があり、くびれ部両側、後円部寄りに造り出しをもっている。後円部頂にあった埋葬

施設が明治時代に乱掘され、鍬形石・車輪石・石釧などの腕輪形石製品、勾玉・管玉・棗玉などの玉類、滑石製刀子など多量の副葬品が出土しており、出土品は宮内庁に所蔵されている。主軸に並行して2基の竪穴石槨があるとみられ、前方部にも竪穴石槨の存在が推定される。墳丘1段目に朝顔形埴輪やヒレ付円筒埴輪を含む埴輪列が巡り、墳丘には安山岩系の葺石が施される。馬見丘陵は「まみ山三里小石なし」と言われるように石材がほとんど無く、葺石は二上山の西麓、大阪側から運び込まれたとみられている。広陵町教育委員会の発掘調査によって周濠内から木製立物のひとつとみられる矢入れの靫を模したとみられる木製品や、喪船とみられる船の部材が出土している。前方部の西側では墳丘と渡堤で繋がる方形で二隅を突出させた出島状遺構が確認されており、その西からはヒョウタン形の双円形の石組みが検出されている。出島には白礫が敷かれていたと見られ、水鳥・蓋・盾・家・囲形・柵形など埴輪が並べられ、亡き王が住む常世、神仙世界を表現したとみる意見がある。巣山古墳の西には**三吉2号墳**（5世紀後半）、**タダヲシ古墳**（5世紀？）といった墳丘長100m未満の前方後円墳がある。

　馬見丘陵公園の西約1km（徒歩15分）、馬見丘陵の中央部に佐味田宝塚古墳（史跡）がある。

　佐味田宝塚古墳　墳丘長112mの前方後円墳で、明治14（1881）年に後円部から銅鏡、腕輪形石製品（鍬形石）、滑石製模造品、合子、銅鏃、巴形銅器などが掘り出されており、埋葬施設は粘土槨とみられている。出土した銅鏡には中国鏡（舶載鏡）の流雲文神獣鏡、神人車馬鏡、三角縁神獣鏡の他、国産鏡（仿製鏡・倭鏡）の三角縁神獣鏡、方格規矩四神鏡、鼉龍文鏡、獣形鏡、家屋文鏡など26面（出土した鏡

宝塚古墳の家屋文鏡に表現された家

は36面とも伝える）がある。家屋文鏡は、馬見古墳群南群にある新山古墳から出土している直弧文鏡（ちょっこもんきょう）とともに他に例がない。蓋を立てた高床の入母屋建物、切妻建物、入母屋建物、竪穴建物を鏡背に表現しており、家形埴輪とともに古墳時代の住居の構造を知るうえで貴重な資料となっている。新山古墳とともに銅鏡が多数出土した古墳としても全国でもトップクラスであるが、国産鏡が多く、時期は前期中頃から後半（4世紀中頃）に位置づけられている。佐味田宝塚古墳の出土品は宮内庁と東京国立博物館、奈良国立博物館に所蔵され、東京国立博物館で一部が常設展示されている。

宝塚古墳の西南約300mの緑地公園内に牧野古墳（史跡）がある。

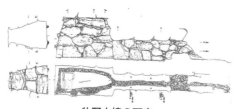

牧野古墳の石室

牧野古墳　墳丘は直径約60m、高さ約12m、3段築成の円墳で円筒埴輪をもつ。

馬見丘陵一帯には石材になる石が付近にほとんど無いこともあって、横穴式石室をもつ後期古墳はほとんど見られない。こうした中で、県内最大級の横穴式石室を遠方から巨石を運んで造った牧野古墳は、まさに「超然とした存在」といえる。墳丘2段目南中央に全長17.1mの横穴式石室が開口する。玄室の高さは約3.6m、奥壁は3段、側壁は4段積みで、玄門の袖石は1石、玄門上の前壁は2段積で、石室の規格や構造は崇峻天皇陵候補として有力な赤坂天王山古墳（桜井市）と類似し、同じ工人集団によって築かれたと考えられている。石室石

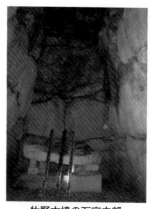

牧野古墳の石室内部

材の花崗岩や安山岩は、西南の二上山付近から運ばれたものとみられ、石室内には奥壁近くに東西に置かれた凝灰岩製の刳抜式家形石棺とその前に組合せ式

家形石棺の2棺が納められていたことがわかる。石室は古くから開口していたが、1983年に行われた発掘調査では、玄室内を中心に玉類、金銅製梔子玉、金環などの装飾品、銀装大刀、矛、鉄鏃などの武器、金銅製馬具2組、木芯金銅椀、須恵器など多数の副葬品が出土した。石室や石棺の形態、出土遺物から古墳の築造時期は6世紀末とみられ、この時期の王権のトップクラスの人物が被葬者と推定できる。古墳の所在地は広瀬郡成相里に含まれるとみられ、『延喜式』に広瀬郡にあるとする敏達天皇の第一皇子で、舒明天皇の父である押坂彦人大兄皇子の成相墓とみても時期的には矛盾は無い。なお、牧野古墳の脇には、馬見丘陵公園の東にある文代山古墳（120頁に既述）の播磨竜山石の長持形石棺底石が移設されている。

　巣山古墳の南西600mには、新木山古墳（三吉陵墓参考地）がある。

　新木山古墳　墳丘長約200mの大型前方後円墳。前方部を東に向け、盾形の周濠が巡るが、南側は水田や畑になっている。墳丘のくびれ部左右に方形の低い造り出しをもっている。東へのびる丘陵尾根を利用して3段に築いているようで、二上山の大阪側から運んだとみられる輝

新木山古墳

石安山岩の葺石が確認されている。後円部頂に盗掘坑があるようで、宮内庁にはこの古墳から出土したとされる勾玉、管玉、棗玉が収蔵され、竪穴石槨の存在が推定されている。巣山古墳よりも墳丘前方部が開くことから、巣山古墳に後続する中期初頭から前半（5世紀前半）の築造とみられている。

　新木山古墳の後円部側のすぐ西に、復原整備され前方部を東に向けた帆立貝形の三吉石塚古墳（県史跡）がある。

　三吉石塚古墳　墳丘長 45 m で、後円部径が 40 m あるのに対し、前方部は幅 22 m、長さ 7 m と短くて低い。葺石は後円部から前方部南東に二上山西麓の輝石安山岩、前方部北側から東側には当麻付近の花崗岩を用いている。2 段に築かれた中段に朝顔形埴輪や円筒埴輪の埴輪列が巡り、後円部頂には蓋、草摺、短甲、家などの形象埴輪が並べられる。新木山古墳となんらかの関係をもつのであろうが、築造時期は須恵質の埴輪もあって、やや新しく、中期末（5 世紀末〜 6 世紀初頭）とみられている。

三吉石塚古墳（復原整備されている）

(4) 馬見古墳群（南部）

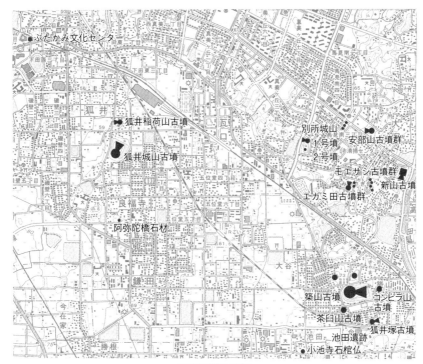

馬見南部の古墳

　馬見丘陵南部には丘陵の尾根上に小型古墳が多く、住宅開発で失われたもの
も数多い。新山古墳は多数の銅鏡が出土した古墳時代前期の前方後方墳として
注目される。丘陵最南端は大和高田市域（旧葛下郡）で、大型前方後円墳の築
山古墳とその周辺にコンピラ山古墳や茶臼山古墳といった大型円墳が集中して
おり、丘陵西南の香芝市（旧葛下郡）には大坂道沿いに前方後円墳の狐井城山
古墳が所在する。

126

●馬見古墳群南部探訪コース
---

①近鉄築山駅→新山古墳→安部山1号墳→別所山1・2号墳→エガミ田1〜3号墳
→モエサシ古墳群→築山古墳→狐井塚古墳→近鉄築山駅

②近鉄五位堂駅→阿弥陀橋石棺→狐井城山古墳→近鉄下田駅

※香芝市二上山博物館は近鉄下田駅から西へ徒歩約8分（月曜・祝日の翌日・年末
　年始休館・0745‐77‐1700）

新山古墳

新山古墳出土の直弧文鏡（拓影）

築山駅から高田川沿いに県道132号線を北へ歩くと、中和幹線道路（県道105号線）との交差点「そらつ橋」の西南に新山古墳（大塚陵墓参考地）がある。

　新山古墳　墳丘長126m、前方部を西南に向けた前方後方墳で、馬見古墳群の中では佐味田宝塚古墳とともに古く、古墳時代前期中頃から後半（4世紀中頃）の築造とみられている。明治18（1885）年に後方部から竪穴石槨と礫で覆われた組み合わせ石棺が発見され、銅鏡、金銅製 竜 文透彫帯金具、鍬形石・車輪石・石釧などの腕輪形石製品、鉄刀、玉類などが出土し、陵墓参考地とされた。我が国では古墳が「史蹟名勝天然紀念物保存法」という法律によって保護が図られるようになったのは、大正8（1919）年になってからのことで、明治時代には「陵墓」や「陵墓参考地」に治定することが唯一の古墳の保存策であったのであるが、現在は天皇陵の治定とともにこれが古墳時代研究の進展を

妨げる要因のひとつともなっている。

　出土した金銅製帯金具は中国の西晋代（265 ～ 316 年）のものとされ、銅鏡は中国鏡の画文帯神獣鏡、三角縁神獣鏡 の他に国産鏡の三角縁神獣鏡、方格規矩四神鏡、内行花文鏡、直線と弧線が結合した日本の古墳時代特有の文様、直弧文で飾った直弧文鏡 など合わせて 34 面の鏡が出土している。この新山古墳と馬見丘陵中央部にある佐味田宝塚古墳の銅鏡出土数は全国でもトップクラスであるが、中国鏡とみられる三角縁神獣鏡が圧倒的に多い前期前半の柳本黒塚古墳（天理市）や椿井大塚山古墳（京都府木津川市）に比べると、国産鏡（仿製鏡）が多い。新山古墳から出土している三角縁神獣鏡と同一の鋳型（または原型）から作られた同型鏡は西日本（山城～肥後）の古墳にみられ、佐味田宝塚古墳の鏡はそれより東（備後～尾張）にみられることから、新山古墳の被葬者が王権の西方経営、宝塚古墳の被葬者が東方経営に関与したとみる説も出されている。鏡が大量に副葬された古墳の被葬者が倭王のもとで各地の王に鏡を分配する任務を帯びていた人物であるというのが前提になるのだが、果してどうだろうか。

　新山古墳の後方部北では後方部を画する溝が検出されており、溝の北側からは 7 基の埴輪棺が確認されている。墳丘東側には 2 基の円墳、新山東 1・2 号墳があり、西側には円墳 2 基と方墳の新山西古墳がある。また、県道を隔てた北側に 於神社は『延喜式』の式内社に比定され、この神社の東南には古墳時代後期（6 世紀前半）の帆立貝形古墳である於古墳があったが現存しない。

　安部山古墳群（町指定史跡）　県道 105 号線を西へ歩くと道路の北側、広陵町馬見南 2 丁目の西谷近隣公園に**安部山 1 号墳**が保存されている。墳丘長 42 ｍの前方部を西に向けた前方後円墳で、昭和 45（1970）年、真美ケ丘住宅造成に伴い発掘調査が実施されており、埋葬施設は木棺直葬で木棺を Y 字形に取り囲む排水溝を備え、金環、勾玉、紡錘車、刀子、須恵器の副葬があった。古墳時代後期（6 世紀後半）の築造とみられる。道の南側にある 9 号児童公園内には安部山 4 ～ 6 号墳が保存されている。いずれも後期（6 世紀後半）の小型

円墳で、4、5号墳は組合せ式石棺を直葬しており、4号墳からは単鳳環頭大刀が副葬されていた。石棺直葬は二上山麓周辺に特徴的な埋葬形態である。

　広陵町の9号児童公園前の道を南に行き、道なりに西へ行くと香芝市真美ケ丘4丁目となり、道路北側にある城山児童公園内に別所城山1・2号墳（市指定史跡）が保存されている。

別所城山1・2号墳　南側にある径約20ｍ円墳が2号墳、埋葬施設は墳頂中央部に南北に築かれた粘土槨。割竹形木棺の痕跡が検出されている。棺の内外から札甲、鉄剣、鉄刀、鉄鏃、鉄槍、筒形銅器などの武器・武具が出土しており、なかでも小鉄板を革ひもで綴った札甲は中国製とみられ、他に類例がない。築造時期は前期末（4世紀末）とされ、香芝市内では最古の古墳となる。北側の1号墳は墳丘長約42ｍの帆立貝形古墳で、中期前半（5世紀前半頃）の築造とみられている。

エガミ田古墳群　広陵町西保育園の南にあるみささぎ台の黒石公園内には3基の古墳が保存されている。1・2号墳は径15ｍの円墳、3号墳は墳丘長55ｍの前方後方墳とみられるが、いずれも盗掘による破壊を受けている。

モエサシ古墳群　黒石公園の東にあるみささぎ公園にも3基の古墳が保存されている。

　1号墳は径35ｍの円墳、採集されている須恵器の破片から後期古墳であることがわかる。2号墳は径16ｍの円墳で、3号墳は墳丘長74ｍの前方後円墳で前方部を東北に向ける。後円部に比べ前方部が低く細長く前期古墳とみられている。

　馬見丘陵の南端には黒石5〜14号墳、黒石東古墳・黒石東2・3号墳、黒石山古墳など宅地開発で失われてしまった古墳があった。このうち黒石5号墳は前期後半の前方後方墳で、黒石10号墳は弥生時代の前方部状陸橋をもつ「前方後方形墳墓」とみられる。みささぎ公園内には黒石13号墳の横穴式石室が

移築保存されている。

　馬見丘陵は近鉄線が通る谷で一度途切れ、再び高まるが、この丘陵南斜面に丘陵と直交してあるのが、前方部を東に向けた築山古墳（磐園陵墓参考地）である。

　築山古墳　墳丘長210ｍの大型前方後円墳で、丘陵斜面にあるため、東南から南側は外堤を築いて、周濠を巡らしている。南側には帯状の堤が良く残り、東側から南側には二重濠の痕跡とみられる地割も残る。宮内庁の管理下にあり、墳丘内には立入れないが、地形図でみると、後円部4段、前方部3段に築かれているようで、南側のくびれ部付近に造り出しをもっている。「城山」の地名も残り、中世城郭として利用された可能性もある。宮内庁書陵部の調査で堤内面の葺石が確認され、ヒレ付円筒埴輪、壺形埴輪が出土しており、古墳時代中期初頭（4世紀末〜5五世紀初め）の築造とみられている。江戸時代に蒲生君平はその著書の『山陵志』で、武烈天皇の「傍丘磐坏 丘 陵」に比定したが、時期的には合致せず、現在では『日本書記』が、王朝末期の悪逆非道の天皇として描く武烈天皇は、その実在自体が疑問視されている。

　築山古墳の前方部東には径96ｍの円墳、**コンピラ山古墳**。北側には径50ｍの**かん山古墳**（児童公園古墳）、後円部南側に径50ｍの**茶臼山古墳**（コロコロ山古墳）など5世紀前半頃の大型円墳が営まれているが、これらは稜線上や斜面に営まれており、築山古墳とは立地を違え、その間の階層差が指摘されている。コンピラ山古墳の墳丘は2段築成で、1段目と墳頂に埴輪列を廻らせている。墳頂には盾形や家形埴輪があり、円筒埴輪列の内にミニチュア土器が納められた状態で出

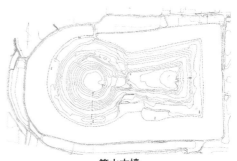

築山古墳

土している。かん山古墳も２段築成で、１段目と墳頂に円筒埴輪列が巡り、墳頂には盾形や家形の埴輪が立つ。墳頂には大小２基の木棺を納めており、鉄刀、鉄鏃、碧玉製の勾玉・管玉、水銀朱などが出土している。

　JR和歌山線の北側には、築山古墳と並行するように狐井塚古墳（陵西陵墓参考地）がある。

狐井塚古墳　墳丘長75ｍの前方後円墳で、中期後半（５世紀後半）頃の築造とみられている。周辺にある５か所の墳丘状高まりとともに「陵西陵墓参考地」となっており、墳丘周囲には溜池や水田として周濠跡が残っていたが、現在は宅地化している。古墳の西南700ｍにある池田町の春日神社にある長持形石棺底石や小池寺西の地蔵堂の石棺仏（長持形石棺蓋石）は、いずれも播磨竜山石を用いており、この古墳のものである可能性もある。

　また、JR和歌山線の南側、領家山までの沖積地に広がるのが**池田遺跡**。大和高田市教育委員会の発掘調査によって、５世紀の削平された十数基の前方後円墳、方墳などが検出されている。古墳の規模は小さく、丘陵の高所に造成された築山古墳とは立地条件も対照的だが、池田１号墳（５世紀前半）の鶏形埴輪、４号墳（５世紀後半）の盾持ち人、巫女、９号墳（５世紀後半）の盛装男子（103頁図）など、精巧な形象埴輪が出土している。大王陵クラスの築山古墳の築造以降もその周辺には連綿と中小の古墳が築造されたことがわかる。これらの古墳の被葬者たちは築山古墳の被葬者とは同族関係にあったのだろうか、

阿弥陀橋の橋板石材

それともなんらかの従属奉仕関係を想定したほうがよいのだろうか。

阿弥陀橋の長持形石棺蓋石（市指定文化財）
　近鉄五位堂駅の東南約１㎞にある香芝市良福寺は我が国の浄土教の祖と称され『往生要集』を著した恵心僧都源信の生誕地と伝えている。

この源信が初田川に架けたという良福寺の**阿弥陀橋**の橋板石材は播磨竜山石の組合せ式**長持形石棺**の蓋石を縦に半裁したもので、市指定文化財になっている。縄掛突起部も残り、竪穴石槨天井石とみられる石材とともに橋の東脇に保存されている。どの古墳の石棺であったかは不明だが、阿弥陀橋の北500mにある狐井城山古墳もその有力な候補となる。この古墳は馬見丘陵から西へ約2km離れた葛下川の扇状地先端に築造されている。

　狐井城山古墳　墳丘長140mの前方部を東北に向けた前方後円墳。後円部径が85mあるのに対し、前方部幅は110mと広い。周濠が巡り、その外側に最大幅19mの外堤が残る。河内へ通じる大坂道（穴虫越）に沿った要所にあって、中世に在地武士の岡部氏が狐井城として利用したため、墳丘は大きく改変されている。狐井城山古墳の埴輪には須恵質のものが含まれ、墳丘の形態からも5世紀末から6世紀初頭の築造とみられ、この時期の大和では最大の前方後円墳となる。また、阿弥陀橋の橋板以外に前方部北東隅の外堤に近接して流れる初田川から播磨竜山石製の**刳抜式長持形石棺蓋石**（市指定文化財）が発見されており、これもこの古墳から持ち出された可能性が考えられる。蓋石は舟形石棺の蓋石との中間形態で、短辺に二つの縄掛突起をもち、現在は二上山博物館のある「ふたかみ文化センター」前庭に復元品とともに展示保管されている。

　狐井城山古墳の北側にある杵築神社から福応寺あたりには地籍図の地割から周濠をもつ墳丘長70mほどの前方部を西に向けた前方後円墳の存在が推定され、狐井稲荷山古墳と名付けられている。周濠推定部から5世紀後半とみられる埴輪片が採取されており、狐井城山古墳に先行するとみられる。この狐井稲荷山古墳を顕宗天皇陵とみて、狐井城山古墳を武烈天皇陵とみる説が出されているが、これは武烈陵を「傍丘磐坏丘北陵」、顕宗陵を「傍丘磐坏丘南陵」とする『延喜式』の記載とは位置的に合致しない。実在性が疑問視される武烈天

ふたかみ文化センターの石棺材

皇陵を除いて考えると、清寧天皇の河内坂門原陵とみられる白髪山古墳（墳丘長112m）や仁賢天皇の埴生坂本陵とされる野中ボケ山古墳（墳丘長122m）などこの時期の大王墓とみられる前方後円墳よりも規模が大きく、狐井城山古墳は大王陵であれば、顕宗陵である可能性がでてくる。北側の狐井稲荷山古墳が、規模の小さい王朝末期の武烈陵「傍丘磐坏丘北陵」だと都合が良いのだが、これは時期が合致しないが、後世に非実在の武烈陵に充てた可能性もある。

　仁賢天皇（億計王）と顕宗天皇（弘計王）の母は荑媛（葛城蟻臣の娘）とされ、父の市辺押磐皇子（父は履中天皇、母は葛城葦田宿禰の娘である黒媛）は、有力な王位継承者であったため、大泊瀬皇子（後の雄略天皇）に殺害される。播磨に逃れた兄弟は、清寧天皇（母が葛城圓大臣の娘である韓媛）に宮中に迎えられ、弟の弘計王が王位についたのが顕宗天皇であると『日本書紀』は記す。雄略天皇の対抗勢力を支持する葛城圓大臣が滅ぼされて後も、雄略の死後は清寧、顕宗、仁賢という葛城氏を外戚とする大王が即位していることに注目したい。「傍丘」は後の「片岡」であり、葛城下郡に属す葛下川流域は「葛城」の範囲に含めて考えてよいだろう。近鉄下田駅まで歩けば、二上山博物館や石棺材のあるふたかみ文化センターは近い。

(5)　当麻の古墳

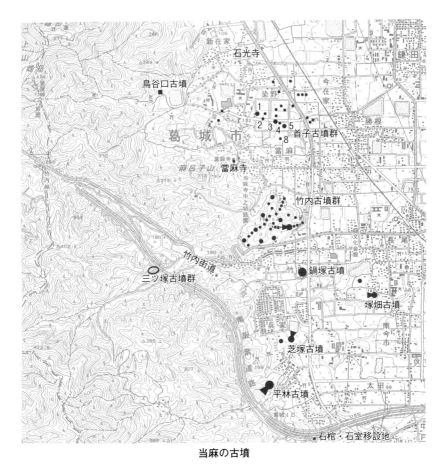

当麻の古墳

　二上山東麓の当麻は古代の交通の要所、大和と河内を結ぶ竹内街道、平石
越、岩橋越など交通路が通る。石器の材料となるサヌカイト、石棺石材の凝灰
岩は二上山から運ばれ、河内への交通路は西日本各地、海外へも繋がってい
た。この竹内街道を意識して造営されたとみられる古墳は当麻には多い。ま
た、二上山凝灰岩の産出地に近いこともあって、凝灰岩製の組合せ式家形石棺

を納めた後期古墳も多い。凝灰岩石材の採石場は奈良県側では香芝市の高山台、田尻峠北方、屯鶴峯西方、二上山岩屋峠、大阪府側では鹿谷寺周辺、牡丹洞周辺などが知られているが、当麻の古墳の石棺は岩屋峠付近の凝灰岩を使用しているものが多いとされる。

━━━━━━ ●当麻探訪コース ━━━━━━

近鉄磐城駅→塚畑古墳→平林古墳→弥宮池1号墳石室・小山2号墳・弥宮池南5号墳石棺→芝塚古墳→鍋塚古墳→三ッ塚古墳群→竹内古墳群→鳥谷口古墳→首子古墳群→近鉄当麻寺駅

磐城駅の南、長尾神社の北側の道が竹内街道で、神社前をさらに南へ行った磐城小学校の西にあるのが**塚畑古墳**。墳丘長72 m、盾形の周濠を備えた前方部を西に向けた中期（5世紀）の前方後円墳とみられるが、墳丘部は耕作による削平が著しい。南今市まで歩き、右手の山麓の太田、兵家へ向かうと、岩橋

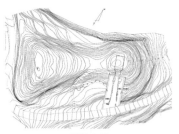

平林古墳

山の鞍部を越えて南河内へ通じる岩橋越（伏越）の登り口、葛城市兵家浄水場の南側に平林古墳（県史跡）がある。

平林古墳 墳丘長62 m、古墳時代後期（6世紀後半）の前方後円墳で、山側の西南に前方部を向けている。後円部径33 mに対し、前方部幅が42 mと広く、墳丘には埴輪はもたない。後円部に南側に開口する両袖式の横穴式石室をもち、羨道の手前に天井石のない側壁だけの前道部が続くため、石室の全長は20.1 mと長いものとなっている。金銅製馬具、鉄製武器、鉄

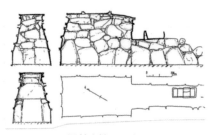

平林古墳の石室

製農工具、ガラス玉、須恵器・土師器の土器類の他、和歌山の隅田八幡鏡（国宝）とも制作年代が近い画文帯四仏四獣鏡（がもんたいしぶつしじゅうきょう）が出土している。羨道部分に追葬の組合せ石棺底石が残り、玄室部には鉄釘の出土もあって、木棺が納められていたことがわかる。横穴式石室は通常施錠されているが、照明もあって内部の観察は可能。

小山２号墳の石棺

　なお、平林古墳の南には群集墳の太田古墳群・弥宮池北古墳群があり、南阪奈道路の側道を東へたどると、道路の南側緑地（道の駅かつらぎの西）に南阪奈道路建設に伴い発掘調査された**弥宮池１号墳**の横穴式石室と**小山２号墳・弥宮池南５号墳**の家形石棺が移築保存されている。

　平林古墳から県道30号線（山麓線）に戻り、300ｍほど北へ歩くと、兵家交差点の手前、左手の水田内に島状に芝塚古墳（県史跡）が残されている。

　芝塚古墳　東北に前方部を向ける墳丘長50ｍの前方後円墳で、後円部の埋葬施設は不明だが、前方部で6世紀前半の木棺直葬墓が検出されている。西側100ｍで発見された**芝塚２号墳**は径25ｍの円墳で、周濠が巡り、家形埴輪をもち、埋葬施設は右片袖の横穴式石室で、二上山凝灰岩製の組合せ式家形石棺を納め、剣菱形杏葉（けんびしがたぎょうよう）やｆ字形鏡板（えふじがたかがみいた）などの馬具が出土している。6世紀前半の築造とみられ、芝塚古墳（1号墳）の墳丘北側に2号墳の家形石棺が移設保存されている。古墳の西北には**兵家古墳群、的場池古墳群**といった群集墳が所在し、組合せ式棺室（横口式石槨）をもつ**兵家古墳**もあったが現存しない。

　竹内街道の南200ｍには、鍋塚古墳がある。

　鍋塚古墳　径約46ｍの大型円墳で、出土している埴輪から中期初頭（5世紀前半）の築造とみられ、前方後円墳の可能性も残す。東約500ｍにある前方

後円墳の塚畑古墳とともに竹内街道近くに営まれた大型古墳であり、時期は異なるが、盆地北部の富雄丸山古墳（奈良市）や竹林寺古墳（生駒市）のように、古墳の築造契機に交通路の確保と権威の誇示といった王権の意思を想定してもよいのだろう。

竹内街道を西へ峠に向かって歩き、上池の手前で左に平石峠への道をとり、南阪奈道路をくぐると道の北側斜面に三ッ塚古墳群が保存されている。

三ツ塚7号墳

三ツ塚古墳群　南阪奈道路の建設に伴い発掘調査されたもので、6世紀末から7世紀末までの飛鳥時代の古墳とこれに継続する8～10世紀の奈良・平安時代の火葬墓、木棺墓や土壙墓などの古墓があり、小古墳を営んだ集団が律令制下の官人になっていく様子がわかる。7世紀末～8世紀初頭とみられる木櫃改葬墓13号墳からは金銅製金具が付いた「漆塗り革袋」が出土し、話題を集めた。革袋は唐の衣服規定にある「鞶囊」とみられ、三ッ塚古墳群に葬られた当麻氏の一族の中には、遣唐使に従い、唐に渡った人物もあったことも推測され、竹内街道や平石越道は海外へも繋がっていたことがわかる。

竹内古墳群　竹内集落の北側にあるキトラ山を中心とした前方後円墳と方墳1基ずつを含む34基からなる群集墳（県史跡）で、一部が「史跡の丘」として整備されている。多くは径10m程度の小円墳で、5世紀末から6世紀中頃にかけての築造とみられる。22号墳は墳丘長45mの前方後円墳で、その墳形から集団内での優位性がうかがえる。前方部に横穴式石室をもつが、後円部にも石室の存在が推定される。34号墳は**茶山古墳**とよばれる古墳で組合せ式家形石棺を直葬していた。竹内峠は葛城氏の支族とみられる当麻氏（葛木

当麻倉首）が掌握していたとみられ、山麓の竹内遺跡からは和泉から運ばれた初期須恵器や外来の韓式土器が集中して出土しており、重要な物資の流通中継地点、集積地であったことがわかる。縄文時代以来の石器の材料であるサヌカイト、石棺材の凝灰岩もこの竹内街道によって運ばれたのである。

　竹内から北へ歩くと当麻寺。当麻寺では曼荼羅堂の解体修理時、堂の下から5世紀後半の礫槨を埋葬施設とする古墳も発見されている。当麻寺から岩屋峠へ向かう道をとると、峠への登口にある当麻山口神社の北側に鳥谷口古墳（県史跡）がある。

　鳥谷口古墳　1983年、東側にある新池の堤防用土取り工事中に発見されたもので、発掘調査後、保存整備が図られている。方形に削平した墓域中央の山寄りに、一辺約7.6mの方墳を築き、背後と両側面には堀割を設け、墳丘には貼石を施している。埋葬施設は家形石棺蓋石未成品を転用

鳥谷口古墳

して組み立てた組合せ式棺室（「横口式石槨」）で、出土土器から7世紀後半の築造であることがわかり、二上山に葬られたと伝える大津皇子が有力な被葬者候補となっている。

　道を戻り、当麻寺駅へ向かう途中、当麻寺と石光寺との間の水田中には首子古墳群（県史跡）が点在する。

　首子古墳群　「首子七塚」と称されるが、5世紀末から6世紀末頃に営まれた10基以上の古墳があったとみられる。1号墳は櫟山古墳と呼ばれ、横穴式石室に隣接して石棺を直葬していた。方墳の2号墳は削平されており、円筒埴輪・家形埴輪・須恵器が出土、同じく方墳の3号墳は木棺直葬で、方墳の4号

墳と円墳の8号墳は横穴式石室に組合せ式家形石棺を納めている。最も規模が大きいのは、最も東にある5号墳で**首子塚古墳**と呼ばれる。径約20mの円墳とされるが、短い前方部を南にもつ帆立貝形前方後円墳の可能性もあり、首子古墳群では最初に営まれた古墳とみられている。

首子塚古墳（首子5号墳）

(6) 葛城の古墳

葛城の古墳

　大和盆地の西南部、葛城山や金剛山の山麓、現在の葛城市や御所市域は、古
代豪族、葛城氏の本拠地とされる。当麻を除く葛城市域（旧新庄町内）に所在
する古墳時代中期の屋敷山古墳、後期の北花内大塚古墳（飯豊皇女陵）、二塚古
墳など規模が大きな前方後円墳は、葛城県を管掌した葛城直（葛城国造）
と関わる首長墓と考えてよいのだろう。また、葛城山東麓には寺口千塚古墳、
寺口忍海古墳群、山口千塚古墳群、笛吹古墳群などの後期群集墳が営まれてお
り、「忍海漢人」と呼ばれた渡来技術者集団との関わりをうかがわせている。

●葛城探訪コース

近鉄新庄駅→北花内大塚古墳（飯豊皇女陵）→屋敷山古墳→火振山古墳→神明神社
古墳→二塚古墳→寺口忍海古墳群（葛城山麓公園）→〈葛城市歴史博物館〉→近鉄
忍海駅

※葛城市歴史博物館見学後に逆コースで廻ると博物館の閉館時刻を気にしなくてよい。

近鉄新庄駅の南 400 mに北花内大塚古墳がある。

北花内大塚古墳　墳丘長約 90 mの前方後円墳で、前方部を西南に向ける。
「三歳山」とも呼ばれ、周濠が巡る。後円部径が約 50 mあるのに対し、前方部
幅は約 70 mと広い後期前方後円墳の墳形をもち、出土している埴輪からも 5
世紀末から 6 世紀前半の築造とみられる。幕末以来、飯豊皇女の葛城埴口
丘陵に治定されているが、飯豊皇女は億計王（仁賢天皇）、弘計王（顕宗
天皇）の姉または伯母と伝え、清寧天皇の崩御の後、忍海角刺宮で執政し、
忍海飯豊青尊と称した女性と伝える。地名の「花内」は「埴口」が転訛した
可能性もあり、古墳の時期は『記紀』の伝える飯豊皇女執政期ともあまり矛盾
はない。飯豊皇女の母が荑媛（葛城蟻臣の娘）、黒媛（葛城葦田宿禰の娘）の
いずれであっても葛城氏一族であることに変わりはなく、顕宗天皇陵の可能性
が考えられる狐井城山古墳とは平地に単独で位置するあり方とも共通している。
　新庄駅から西へ 1 km、県道 30 号線横の屋敷山公園に屋敷山古墳（史跡）が
ある。

屋敷山古墳　屋敷山の名は、江戸時代に新庄藩（桑山氏）の陣屋（「新庄城」）
があったことに由来する。墳丘上にも陣屋の別殿や奥御殿があったため、改変
が著しいが、前方部を北に向けた墳丘長約 135 m以上の前方後円墳で、前方部
の西側には宮山古墳（御所市）と同じく方形の張り出し部をもっている。1974
年に公園整備に伴う発掘調査が実施され、墳丘部から円筒埴輪、家、盾、蓋形
埴輪片、副葬品の一部と見られるガラス小玉、鉄製槍先、刀子、などが出土、

後円部付近からは石槨壁材と見られる朱のつ
いた片岩や石槨床に敷かれたとみられる玉石
が出土しており、後円部の埋葬施設は竪穴石
槨で、大規模な破壊撹乱を受けていることが
わかる。くびれ部付近から長持形石棺蓋が発
見され、これが新庄中学校で以前から保管さ
れていた石棺小口材と合致することが明らか
になった。さらに、墳丘東斜面からは石槨天
井石とみられる短辺に縄掛突起をもつ石材も
出土している。現在、石棺蓋石と小口材は葛
城市歴史博物館で展示、石槨天井石は屋敷山
公園内で保管されている。いずれも兵庫県加
古川下流右岸の播磨竜山石製で、石棺蓋は長
辺に2個ずつの縄掛突起をもち、突起先端部

屋敷山古墳の長持形石棺蓋

屋敷山古墳

に同心円文を施す。全面に水銀朱を塗布しており、石棺の大きさや形は久津川
車塚古墳（京都府城陽市）と類似する。古墳の築造時期は古墳時代中期中頃
（5世紀中頃）とみられる。屋敷山から約500 m南へ行った葛城山麓公園入口
交差点の西には、墳丘長95 m以上の前方後円墳、**火振山古墳**（神塚古墳）が
ある。屋敷山古墳に次いで築造された可能性が考えられ、屋敷山古墳と同じく
前方部を北に向けており、その系譜関係が推定されている。

　屋敷山古墳の北500 mにある奈良県社会教育センターの敷地内には神明神社
古墳がある。

　神明神社古墳　公園化整備されており、見学しやすい。東西の尾根の間を半
円形に削平した墓域中央の山寄りに、南側のみ2段に築成した直径約20 mの
円墳を築き、背後には浅い堀割を設けている。南向きの花崗岩切石を使用した
全長6.14 mの石室が開口する。奥壁1石、側石は各2石、天井石も2石で、

神明神社古墳

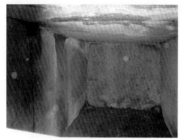

神明神社古墳の石室内部

石材間には漆喰が認められる。玄室部と羨道部の区別がない無袖式の横穴式石室であるが、左右側壁の石材間近く、奥壁から約3mの位置に縦に幅約8cmの段状の彫り込みがあり、ここに木扉などの閉塞施設が存在したらしい。この彫り込みから1.5m外側の側壁にも窪みがあって、石室入口付近にも扉が取り付けられていたとみられる。鉄製環金具、銀製金具、水晶切子玉、鉄釘などが出土しており、環金具は扉の取手金具である可能性もある。内側扉までの内法（うちのり）は長さ3.01m、幅1.5m、高さ1.5mで、唐尺（1尺＝約29.5cm）で10尺、5尺、5尺で設計されているとみられ、外扉までは奥壁から15尺になる。玄室（棺室）の大きさは凝灰岩切石組合せの平野塚穴山古墳（香芝市）の石室玄室部（長さ3.05m・幅1.5m）とほぼ同規模で、7世紀後半の築造とみられる。「其の内の長さ九尺、濶（ひろ）さ五尺」とする大化2（646）年の詔（みことのり）（大化の薄葬令）とは濶（ひろ）さ（幅）5尺は合致するが、長さは1尺長くなる。石室は真南でなく、やや東にかたよって開口し、この付近で最古最大の屋敷山古墳を志向しているという指摘もある。同様のあり方は平群町の西宮古墳と烏土塚古墳との間にも見られ、屋敷山古墳から二塚古墳まで、この地に前方後円墳を継続して築造したとみられる葛城直や葛城連の系譜上にこの古墳もあることが推定される。

　この神明神社古墳石室と同様の石室は県内では塚平古墳（天理市岩屋町）で見られる。こちらは一辺18mの方墳で、標高320mの高所に約35m四方の平地を造成して造られている。南に開口する花崗岩切石積の石室は奥壁が2石、1石の2段積み、側壁は1段積みと2段積みの部分があるが、無袖式の横穴式石室で、石室の全長5.15m、幅2.07m、高さ1.7mあり、石材間には漆喰が

確認できたという。羨道部と玄室（棺室）を区切る扉の有無が明らかでない
が、切石を用いた横穴式石室が最も小型化したもので、横穴式石室から高松塚
古墳のような凝灰岩組合せ式棺室（横口式石槨）に移行する過程にある石室と
して位置づけることも可能である。天武天皇、持統天皇が合葬された大内陵と
みられる野口王墓古墳（明日香村）もおそらくは同様の石室をもつと推定さ
れ、7世紀後半に横穴式石室はこうした石室を最後としてその終焉を迎えるこ
とがわかる。

　県社会教育センターの東南、寺口から布施城跡に向かう道の北側、標高約
200 mの場所に二塚古墳（史跡）がある。

二塚古墳　東に延びる幅の広い尾根を切
断してつくられた全長約 60 mの前方後円
墳で、前方部を北に向けることは、屋敷山
古墳、火振山古墳と共通する。墳丘の周囲
には周濠に相当する幅約 15 mの平坦地が
巡る。古墳時代後期の古墳は、横穴式石室
をもつため、墳丘を高く土で盛り上げてお
り、二塚古墳の前方部と後円部の高さも約
10 mあって、二塚の名にふさわしい。墳
丘から埴輪は確認されておらず、扁平石材
を用いた貼石が認められるという。横穴式
石室は後円部、前方部、西側造り出し部の

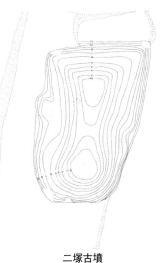

二塚古墳

3か所にあり、いずれも南向きにつくられており、昭和 33（1958）年に発掘調
査が行われている。後円部の石室は全長 16.4 mの両袖式の大型石室で、奥壁
は 6、7 段、玄室側壁 5 段、羨道側壁 4 段に自然石を積み上げている。袖石は
1 石でなく、上部に 1 石を挟む。羨道部床には石組の排水溝が設けられている。
古くから開口しており、内部は荒らされていたが、凝灰岩製の組み合せ式石棺

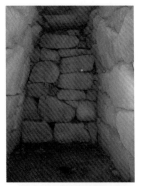

二塚古墳後円部石室の内部

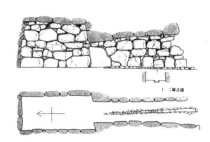

二塚古墳後円部の石室

を納めていたとみられ、鍍金された花形座金具、鉄製鋤先、馬具、水晶製三輪玉、ガラス製小玉など副葬品の一部が出土している。前方部の石室はやや小型、全長約9ｍの右片袖の横穴式石室で、奥壁6段、玄室側壁4段、羨道側壁3段に自然石を積んでいる。凝灰岩製の組み合せ式石棺の底部が残り、金製空玉、鉄鏃、鉄斧、鉄製馬具、須恵器、土師器が出土している。西側のくびれ部の造り出しにつくられた石室は全長約7.82ｍ、無袖の横穴式石室で、羨道部が玄室の床よりも高い、いわゆる「竪穴系横口式石室」である。発掘調査時、内部には総数180個体の須恵器、土師器、鉄製の馬具、武具、農具などが、ところ狭しと置き並べてあり、足の踏み場もないほどであったと聞く。副葬品用の石室とも見られているが、入口近くで琥珀製棗玉、鉄刀、刀子が出土しており、人体埋葬があった可能性も考えられる。出土した土器から古墳の築造時期は後期中頃（6世紀中頃）とみられ、屋敷山古墳以来の前方後円墳の系譜上にある葛城の首長墓とみてよいだろう。二塚古墳の北側尾根には寺口千塚古墳群あって、横穴式石室をもつ後期の小円墳が群集しており、寺口千塚の被葬者集団を統括しているのが二塚古墳の被葬者だと考えることもできる。

　古墳群の中で、一定の区域に小型古墳が密集しているものを「群集墳」と呼んでいる。新沢千塚（橿原市）のように5世紀後半から営まれ、木棺直葬をはじめとした多様な埋葬方法と墳形をもつものもあるが、6世紀後半の横穴式石室を埋葬主体とする小円墳群が最も普遍的である。奈良県では盆地東縁から南

縁、西南部に営まれているが、西北部の馬見丘陵や生駒山地東麓、矢田丘陵東麓などにはほとんど見られない。大阪府では平尾山千塚古墳群（柏原市・2,000 基以上）、山畑古墳群（東大阪市）、高安古墳群（八尾市）、一須賀古墳群（河南町・太子町）など金剛生駒山系の西斜面に集中しており、どこにでも造られたのではなく、古墳を造営できる墓域が設定されていたことがわかる。葛城山の東麓一帯は群集墳が数多く見られることでも注目され、「葛城山麓公園」に含まれる寺口忍海古墳群が見学しやすい。

寺口忍海古墳群　188 基以上の円墳で構成される大群集墳で、古墳は、東へのびるいくつかの尾根に築かれており、公園の東半に位置する古墳が、周遊路で見学できる。公園南側山林内のD支群（D 27・D 30 号墳）、公園奥の墓地内のE支群古墳（E 2 号墳）などが見学しやすい。寺口忍

寺口忍海古墳群

海古墳群では古墳築造が始まる 5 世紀後半から埋葬施設を横穴式石室としており、伝統的な木棺直葬を埋葬施設とする群集墳とは対照的なあり方をみせている。横穴式石室は、夫婦の合葬、家族の追葬を可能な家族墓で、3 ～ 4 世代の家族墓の集積とみられる。石室内における食物供膳のための須恵器を中心とした土器類の副葬から、死後も生前と同様の生活が続くという死生観をうかがうことができ、横穴式石室の普及によって、古代人の死生観、他界観は大きく変化したことがわかる。

　寺口忍海古墳群では、百済や加耶を源流とする右片袖式横穴式石室や竪穴系横口式石室から 6 世紀末～ 7 世紀初頭に両袖式横穴式石室へと変化し、7 世紀中頃に古墳の築造が終わってからも 8 世紀初頭の火葬骨まで追葬が続けられている。出土している副葬品には、加耶からの移入品とみられる鋳造鉄斧や馬具の他、鍛冶道具や鉄塊、鉄滓もあって、鍛冶生産を行う渡来人技術者集団がその被葬者に含まれるものと想定できる。

　群集墳は巨勢山古墳群と宮山古墳（御所市）、龍王山古墳群と行燈山古墳、

146

渋谷向山古墳（天理市）といったように、その墓域が前代の大前方後円墳と関係をもって設定されたみられるものがあり、群集墳被葬者と前方後円墳被葬者との間の同族関係の主張、表示とみる見方もできるが、二塚古墳と寺口千塚古墳群のような同時期の大型前方後円墳との関係は従属奉仕関係の表示でもあるようだ。群集墳もまた大古墳と同じく政治的秩序を表示しているものとみられる。

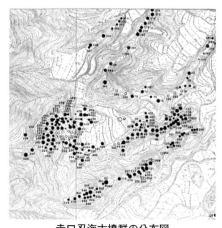

寺口忍海古墳群の分布図

〈葛城市歴史博物館〉　常設展示は『葛城の歴史、伝統、文化』、葛城地域の歴史について、考古・歴史・民俗の各資料をもとに紹介しており、屋敷山古墳の石棺の他、葛城市内（旧新庄町・當麻町）の出土遺物はここでみることができる。（近鉄忍海駅の北すぐ。有料・開館時間 9：00 ～ 17：00・入館 16：30 まで・休館　毎週火曜、第 2・4 水曜、年末年始・問合せ 0745 - 64 - 1414）

(7) 南葛城の古墳

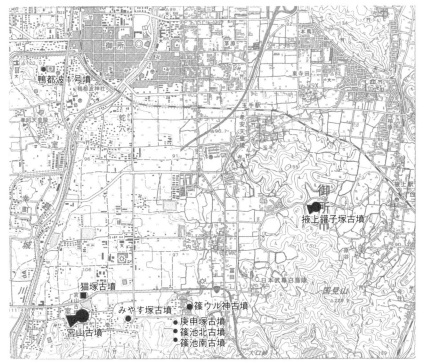

南葛城の古墳

　大和盆地の西南隅、葛城川上流部の御所市域には、今のところ古墳時代前期
の前方後円墳は確認されておらず、中期前半（5世紀前半）に大王陵級の規模
をもつ宮山古墳が突如として出現し、『記紀』が葛城氏の始祖として描く
葛城襲津彦との関わりが説かれる。『記紀』は襲津彦に続く葛城玉田宿禰が允
恭天皇、葛城　圓　大臣が雄略天皇によって誅殺されたと記し、御所市域では掖
上鑵子塚古墳で大型前方後円墳の系譜は途絶え、これに替わるようにして葛城
市域に新庄屋敷山古墳が営まれる。

●南葛城探訪コース

JR・近鉄御所駅→鴨都波1号墳→（バス）→宮山古墳→みやす塚古墳→巨勢古墳

群條池支群→條ウル神古墳→〈大和琴引原推定地〉→掖上鑵子塚古墳→JR掖上駅

　御所駅の南にある鴨都波神社周辺は、弥生時代から古墳時代へ続く集落遺跡で、鴨都波遺跡と呼ばれ、葛城川流域の中心的集落と推定されている。国道の西側、済生会御所病院構内で鴨都波1号墳が発掘調査によって検出されている。

鴨都波1号墳　方墳（20×16ｍ）で、粘土槨を埋葬施設とし、三角縁神獣鏡4面、方形板革綴短甲や靫、鉄剣、鉄刀などの武器、鉄製農工具など多数の副葬品が副葬されており、古墳時代前期（4世紀中頃）の葛城の首長墓として注目される。病院構内に解説板があり、病院ロビーには三角縁神獣鏡のレプリカ展示もある。

　御所駅の南約2kmに宮山古墳（史跡）があるが、五條方面へ行くバスで「寺田橋」まで行くとよい。

宮山古墳

宮山古墳　国道の東500ｍにあり、山のように見える。墳丘長238ｍ、前方部を西に向ける大型前方後円墳で、古墳時代中期（5世紀前半）の築造とみられ、盆地西南部、葛城地方最大の規模を誇っている。御所市室にあり、葛城氏の伝説上の始祖である武内宿禰の墓である「室波賀（牟呂波加）」とみられてきたため、室大墓とも呼ばれる。周濠跡が残

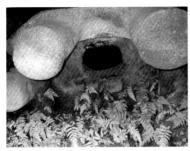

宮山古墳に残る長持形石棺

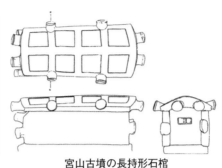

宮山古墳の長持形石棺

り、外堤部北東に接して大型方墳（一辺70
m以上）の**猫塚古墳**がある。宮山古墳の墳丘
は３段に築かれており、北側くびれ部に造り
出しがある他、前方部北側と南側に方形の張
り出し部をもつとみられている。墳丘各段に
円筒埴輪列があり、花崗岩礫の葺石が施され
る。墳丘東南にある八幡神社から後円部頂に
登ることができ、中期の大型前方後円墳の竪
穴石槨に納められた長持形石棺を見ることが
できるのはこの古墳だけである。

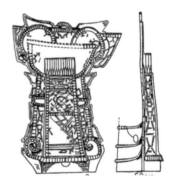

宮山古墳の靫形埴輪

　宮山古墳は大正10（1921）年に史蹟に指定され、後円部に縄掛突起（なわかけとっき）をもつ
天井石が露出していることが知られていたが、昭和25（1950）年に盗掘を受
け、後円部頂の２基の竪穴石槨のうち南側の石槨が発掘調査された。石槨周囲
には二重の埴輪列が方形に巡り、盾（たて）、靫（ゆき）、甲冑などの武具形埴輪を外向きに並
べ、さらにその南に家形埴輪５基が配置される。後円部に立て並べられていた
形象埴輪群は橿原考古学研究所附属博物館（橿原市）に常設展示されている。
竪穴石槨（長さ5.5 m、最大幅1.88 m、高さ1.08 m）は、石棺の設置後に紀
ノ川流域の結晶片岩（緑色片岩）の板石を積み上げ、６枚とみられる播磨竜山
石製天井石の上面全体を粘土で覆っている。石槨内中央には竜山石製の組合せ
式長持形石棺（全長3.77 m、幅1.47 m、高さ1.5 m）が置かれる。石棺側石

の短辺に縄掛突起があり、蓋石は各辺2個ずつの縄掛突起をもち、上面には8区画の格子状突帯をもつ。天井石や石棺には水銀朱が塗布されている。副葬品は盗掘で撹乱されており、石棺内からは硬玉製勾玉、滑石製勾玉やガラス小玉、棺外から勾玉、管玉、革綴短甲片、琴柱形石製品（ことじがた）、刀剣類、三角縁神獣鏡片などが出土している。埋葬施設は前方部や前方部北側張り出し部にもあり、前方部からは明治41（1908）年頃の開墾時に三角縁神獣鏡片などの銅鏡片11面分以上、玉類約170余点、滑石製刀子、木棺片も出土したと伝えている。前方部北側張り出し部では1971年に木棺を納めた粘土槨が検出され、短甲片、鉄鏃、鉄刀の他、冑（かぶと）とみられる漆塗革製品が出土している。前方部の張り出し部は古墳築造当初から2段に築かれたもので、西辺の円筒埴輪、朝顔形埴輪からなる埴輪列も発掘調査で検出されている。

　宮山古墳の被葬者については、仁徳天皇の后、磐之媛（いわのひめ）の父として『記紀』にその活躍が記される葛城襲津彦（かずらきのそつひこ）（曽都毘古）がしばしばその候補にあげられる。被葬者名はともかくとして、河内へ通じる水越峠越え、紀伊へ通じる風の森峠越えの交通路が交差する南葛城の要所に位置する大古墳であり、葛城氏のトップ、古代葛城の王が被葬者であることに間違いは無いだろう。

　宮山古墳の東約400mにみやす塚古墳がある。

みやす塚古墳　径約50mの大型円墳で、中期（5世紀）の築造とみられる。1948年の墳頂部の発掘で、方形に巡る円筒埴輪列が確認されており、墳頂に蓋（きぬがさ）、盾や家形埴輪があったこともわかるが、埋葬施設は大規模な盗掘のため判明していない。

　東へ歩くと京奈和道をくぐる。京奈和道の御所パーキングエリアや御所IC付近は弥生時代前期の水田遺構で知られる中西遺跡である。

　宮山古墳の南、巨勢山丘陵（こせやま）の尾根上に約700基が築かれた国内有数の群集墳巨勢山古墳群（史跡）がある。

巨勢山古墳群 條 池支群　巨勢山古墳群は土砂採取やゴルフ場造成などによって破壊されてしまったものも数多いが、2002年にようやく国の史跡に指定された。前期後半（4世紀末）から築造が始まり、群形成のピークは後期中葉（6世紀中頃）にあるとみられ、7世紀中頃まで築造が続く。古墳は西北部に集中しているが、東部山麓にも分布しており、條池の東側に円墳3基からなる一支群がある。南（山側）の2基が発掘調査されており、一番南の條池南古墳（巨勢山640号墳）は左片袖の横穴式石室に刳抜式の家形石棺を納めており、石棺内には石枕を造り付けている。須恵器の他、馬具、鉄刀、鉄鏃、玉類が出土しており、6世紀中〜後半に築造されたことがわかる。次の條池北古墳（巨勢山641号墳）は右片袖の横穴式石室で須恵器の他、馬具、銀装大刀、鉄鏃が出土しており、6世紀後半。一番北側の條池庚申塚古墳（巨勢山642号墳）は発掘調査が実施されていないが、開口している石室には羨道が見られず、先の2基よりも時期が下るとみられ、家長の死を契機に上方から墓を営んでいったとみられる。

條ウル神古墳　大正5（1916）年の「奈良縣史蹟勝地調査會第三回報告」に「條ノ古墳」として報告されているもので、その後、所在さえ不明確になっていたが、2002年の御所市の調査で大型横穴式石室の存在が再確認された。墳丘は改変が著しく、不明な点が多いが、100m前後の前方後円墳とも推定され、東向に開口する横穴式石室は長大で、玄室長7.1m、高さ3.8〜4mを測り、石舞台古墳（明日香村）の石室（玄室長7.7m）にも匹敵する。石室内の刳抜式家形石棺は蓋石の長辺各3、短辺各1、計8個の縄掛突起をもつ珍しいもの。私有地でもあり、石室は調査後再び埋め戻されており、残念ではあるが、現在は見ることができない。6世紀後半の築造とみられ、葛城氏滅亡後、この地に勢力を伸ばした巨勢（許勢）氏をその被葬者とみて、許勢臣稲持や巨勢臣比良夫などの名がその候補にあげられている。

　條から東へ行った富田の小字「天皇」には明治31（1898）年に治定された

日本 武 尊の白 鳥 陵 がある。
（やまとたけるのみこと　しらとりのみささぎ）

大和琴引原推定地（日本武尊白鳥陵）　『日本書紀』によれば、日本武尊は伊勢国能褒野で崩じ、能褒野陵に葬られたが、白鳥と化して大和を目指して飛び立ち、大和の「琴弾原」に留まり、そこに陵が営まれた。また飛び立って河内国旧市邑に留まり、その地にも陵が造られたが、ついには天に登ったと記しており、その大和の琴引原をこの地とするのである。白鳥が霊魂を運ぶというのは、古墳時代の水鳥形埴輪と考え併せ興味深い。伊勢の能褒野陵（三重県亀山市）や河内の白鳥陵が実際の「古墳」を治定しているのに対し、この富田の白鳥陵は小円墳とする説もあるが、古墳である確証はない。なお、大和の琴引原の地については宇陀市室生三本松の琴引白鳥神社にもその伝承がある。

　市民グランドと秋津鴻池病院の間を東へ行くと、山を抜けた谷あいに掖上鑵子塚古墳がある。（わきがみかん　すづか）

掖上鑵子塚古墳　尾根を利用して築造された墳丘長149mの前方後円墳で、前方部は山側の西を向く。峠が葛城川と曽我川の分水嶺であるため、巨勢谷を流れる曽我川水系にあるのだが、この付近では曽我川が葛城郡と高市郡の郡界となっており、葛上郡では宮山古墳に次ぐ規模を誇っている。後円部3段、前方部2段に丘陵先端を整形したいわゆる「丘尾切断」の典型例とされているが、築造に丘陵を利用してはいるのだろうが、削り出し部分よりも盛り土部分が多いようにみられる。後円部径は102mあり、前方部の長さはその2分の1以下と短い。幅15m程度の広い周濠の痕跡が墳丘周囲の水田区画として残るが、周濠痕跡の水田には高低差があって、空壕であった可能性が高い。また、前方部南側には円墳の鑵子塚南古墳（径約30m）があって、この部分の周濠の痕跡が変形しており、南古墳が先行して存在していたことがわかる。この2基の古墳の被葬者の関係が気になるところでもある。後円部頂に大きな盗掘壙が開いており、石棺が見えていたこともあると伝えている。板石の散布も認め

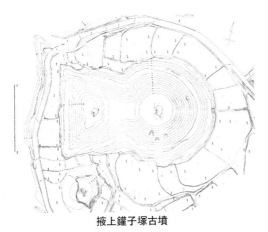

掖上鑵子塚古墳

られ、竪穴石槨に長持形石棺が納められていたようだ。副葬品には金銅製 透彫帯金具、金銅装挂甲、金銅製心葉形垂飾、琴柱形石製品、長頸鏃などが伝わっている。前方部頂にも方形壇があり、ここにも埋葬施設が存在する可能性がある。墳丘には葺石が葺かれ、埴輪には、くびれ部から出土したという水鳥形埴輪をはじめ、冠帽形、鶏形、家形、草摺形、冑形、靫形などの形象埴輪がある。須恵質の円筒埴輪片も出土しており、古墳時代中期後半（5世紀中頃）近くの築造が考えられている。国の史跡級の古墳だが文化財指定はなされていない。宮山古墳と同じく水越峠につながる交通路の要地に営まれており、被葬者は葛城氏とする見方が有力で、前代の宮山古墳に比べると規模の縮小が著しく、築造にあたって、王権による規制が加えられたとみる意見がある。『日本書紀』は葛城襲津彦の後、葛城玉田宿禰あるいは葛城 圓 大臣は大王によって滅ぼされたと伝えており、掖上鑵子塚古墳以後、大前方後円墳が南葛城地域では見られないことは、この葛城氏本家の滅亡と関わる可能性が考えられている。

V

飛鳥と高市の古墳

⑴飛鳥の古墳・⑵越智真弓の古墳・⑶飛鳥檜前の古墳・⑷高市の古墳（畝傍・橿原）・⑸巨勢谷の古墳

石舞台古墳の石室内部（本文 160 頁参照）

156

(1) 飛鳥の古墳

　7世紀に王宮が営まれた飛鳥周辺には、明日香村の西部、高取町の東北部に古墳時代後期（6世紀）、終末期（飛鳥時代・7世紀）の古墳が多くあり、王墓や蘇我氏一族、渡来系集団である東漢氏との関わりをうかがわせる古墳も所在する。特に最後の大型前方後円墳とみられる五条野丸山古墳がある五条野丘陵とその南側の野口・平田丘陵には王墓とみられる古墳が並び、飛鳥の東南部、冬野川の谷間には、石舞台古墳と都塚古墳がやや離れて位置している。

●飛鳥探訪コース

近鉄橿原神宮前駅（東口）→五条野丸山古墳→植山古墳→菖蒲池古墳→石舞台古墳→都塚古墳→野口王墓古墳（天武・持統陵）→鬼の俎（まないた）・鬼の雪隠（せっちん）古墳→金塚古墳→平田梅山古墳→岩屋山古墳→近鉄飛鳥駅

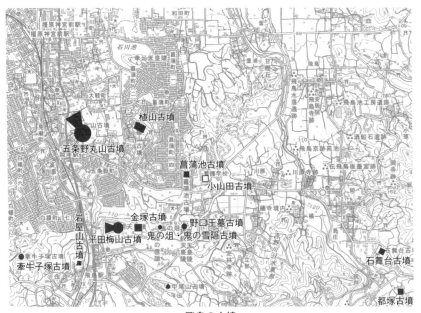

飛鳥の古墳

　橿原神宮前駅の東口から国道 169 号線を南に歩き、見瀬の交差点を過ぎると、道は登り坂になる。国道の左手、東側の丘が奈良県最大の前方後円墳、五条野丸山古墳（史跡・畝傍陵墓参考地）である。

　五条野丸山古墳　墳丘全長約 310 m。この古墳は橿原市五条野町と大軽町に所在するのだが、かつては古墳西北の見瀬町の名を冠して「見瀬丸山古墳」と呼ばれることが多かった。現在の国道は前方部西北隅を削って通っているが、大和盆地を縦貫する古代の直線道路である「下ッ道」は、古墳の墳丘西縁に接しており、この古墳が古代道路の基点となっている可能性も指摘されている。墳丘は前方部を西北に向け、周囲

五条野丸山古墳

には周濠の痕跡も認められる。墳丘は前方部の中央が張り出す「剣菱形」の墳丘ともみられている。前方部に比べ高い後円部をもち、前方部は過去に段々畑として開墾され、改変を受けているが、もともと平坦で、前方部を 3 段、後円部を 4 段に築成していたとみられる。埴輪や葺石などは確認されていない。橿原市によって保存公有化が図られているが、後円部頂の「丸山」部分だけが「陵墓参考地」として宮内庁の管理となっている。

　後円部にある横穴式石室は、江戸時代から明治初年まで開口しており、内部に 2 つの石棺があって、天武・持統陵とみなされていたが、明治 14（1881）年の治定替えで陵墓参考地となった。この横穴式石室は 1991 年に偶然開口し、宮内庁の石室内現況調査後に再び埋め戻されている。石室は後円部が 4 段の築成であれば、その 2 段目の南側に入口があり、全長 28.4 m（玄室長 8.3 m）という後期古墳では最長の長さをもっている。玄室奥壁は 2 段積み、側壁は 3 石を 3 段に積み、羨道部側壁は 3 段から 4 段積みで、入口から 11.3 mのところから天井石が低くなり、3 段から 2 段積み（西壁は 1 石）となっている。石室

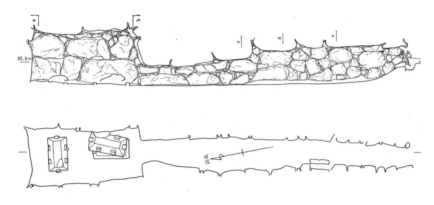

五条野丸山古墳の石室

内には2基の播磨竜山石製の刳抜式家形石棺が納められており、石室に直交して置かれた奥棺が新しくて7世紀初頭、石室主軸に平行して置かれた前棺が古く6世紀後半と配置が逆転している。羨道途中の石材積み上げの違いを羨道の付加や石室改修とみて、この時に棺の配置を入れ替えたとする説が有力である。

『日本書紀』には、推古天皇20（612）年に檜前大陵に蘇我堅塩媛を改葬し、軽衢に誄するとあり、欽明天皇（571年崩御）の檜前坂合陵（檜前大陵）は軽の地近くにあることがわかり、石室改修や古墳の時期などから、丸山古墳の被葬者は欽明天皇と堅塩媛とする説は説得力に富む。また、この古墳は蘇我氏の居館があった甘樫丘から西へ続く五条野丘陵の西端にあり、この一帯を蘇我氏の墓域とみて、蘇我稲目も被葬者候補にあげられているが、蘇我氏の勃興期ともいえる稲目の時代に、大王陵を上回り、古墳時代後期に限れば、国内最大規模をもつ丸山古墳を築くことがはたしてできたのだろうか。

丸山古墳の東500m、五条野町の春日神社西には植山古墳（史跡）がある。

植山古墳　2000年に行われた橿原市教育委員会の発掘調査によって、東西40m、南北24mの長方墳で二つの横穴式石室を東西にもつ双室墳であることが明らかになった。東石室には阿蘇溶結凝灰岩（阿蘇ピンク石）の刳抜式家形

石棺を納めている。西石室の石棺は失われていたが、同じく阿蘇石の石棺が安置されていた可能性が考えられ、玄室入口の播磨竜山石製の梱石には扉の軸受穴があり、石扉があったことがわかる。6世紀末〜7世紀初頭の須恵器が出土している。『日本書紀』は推古天皇（推古天皇36（628）年崩御）は、その子竹田皇子の墓に葬られたとし、『古事記』は「御陵は大野岡の上に在りしを後に科長の大陵に遷しき」としており、推古天皇の初葬陵の可能性が指摘されている。現在、整備工事が計画されており、保存整備の完了が待たれる。

丸山古墳の南を東に歩くと、県立養護学校があり、校門の西側の丘陵南斜面に菖蒲池古墳（史跡）がある。

菖蒲池古墳　寄棟造りの屋根、柱や梁を浮き彫りにした刳抜式家形石棺が2基納められており、橿原市にあるのだが、「飛鳥の古墳」のひとつとして古くから知られてきた。墳丘はほとんど残っておらず、横穴式石室の玄室部の天井石が露呈し、玄室部南と羨道部の天井石が失われ、玄室内を覗けるといった状況で、長

菖蒲池古墳の石室内部

らく墳形や規模は不明のままであったが、2008年から橿原市教育委員会が行った範囲確認のための発掘調査によって、一辺が約30mの2段築成の方墳であることが明らかになった。墳丘は丘陵斜面を最大10m以上もカットして平坦面を造っており、北側と東西の三方に掘割を設け、墳丘の基底部を造っている。墳丘下段の裾と上段の裾には高さ20cm程度の基底石を巡らし、墳丘裾南側の前面と東西の堀割底、墳丘上の平坦面には礫を敷く。墳頂部は残っていないが、墳頂は榛原石の板石を敷いた「磚敷」の可能性があるとみられている。古墳の東西には上面を石敷にした外堤が存在し、外堤を含めると、東西67〜

90 m、南北 82 mという規模の墓域を持つことになる。石室の玄室部は墳丘中央に位置し、南に開口する横穴式石室であるが、羨道部が埋まっており、墳丘南辺まで羨道が延びているならば、石室の全長は 20 m近い。玄室の長さは 7.2 m、幅 2.5 m。奥壁は 1 石を 2 段、側壁は 4 石を 2 段に積む。石室の壁は目地や表面の凹凸を漆喰で埋め、内壁全面が漆喰塗であったとみられる。石室壁の上段を内傾させた 2 段積み石室であり、羨道部も長く、岩屋山古墳（明日香村）石室との類似が指摘されている。

南北に納められた 2 基の刳抜式家形石棺はほぼ同規模で、石材は播磨竜山石。石棺身には四隅と長辺中央に柱、上端に梁、下端に土居桁を浮き彫りする。南棺の梁と土居桁には長方形の彫り込みがある。石棺蓋は寄棟造の屋根形で、下端に 2 段の段を巡らす。南棺の棟部には彫り込みがある。石棺内には漆が塗られたようで、北棺内面には朱漆が残る。古墳の築造年代は墳丘からの出土土器や石室の特徴から 7 世紀中頃、640～660 年代とみられている。皇極天皇 3(644) 年に営まれた蘇我蝦夷、入鹿の邸宅とみられる甘樫丘東麓遺跡や植山古墳にも近く、周辺一帯を蘇我氏の墓域とみて、被葬者を大化 5 (649) 年に山田寺で自害した蘇我倉山田石川麻呂とその子の興志とみる説がある。

また、この古墳の東南に隣接する県立明日香養護学校内で発見された一辺約 70 mとみられる削平された方墳（小山田古墳）を舒明天皇の初葬陵でなく、皇極天皇元 (642) 年に営まれた蘇我蝦夷の大陵とみて、入鹿の小陵を菖蒲池古墳とみる説、乙巳の変（645 年）の後に営まれた蝦夷、入鹿の合葬墓とみる説などが出されている。いずれにしても史上に名が残る飛鳥時代の最高位の人物が被葬者であることは間違いないだろう。

菖蒲池古墳から東へ歩けば、川原寺跡、橘寺、飛鳥宮跡など飛鳥の中心部となるが、石舞台古墳（特別史跡）までは周遊バス（かめバス）も利用できる。

石舞台古墳　石舞台古墳は、墳丘上半の土盛りが失われ、巨大な両袖式の横穴式石室の石材が露呈しており、その巨大な石の存在感には圧倒される。「狐

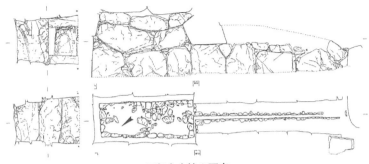

石舞台古墳の石室

が女の姿に化け、石の上で踊ったか
ら石舞台と名付けられた」という伝
説は新しく、江戸時代の名所記など
は「石太屋（いしぶとや）」と記しており、石室だ
という認識は古くからあったよう
だ。昭和8（1933）年と昭和10（1935）
年に京都帝国大学と奈良県の合同発
掘調査が行われ、この石舞台古墳の

石舞台古墳（1975年調査）

調査を契機に飛鳥の古墳や遺跡へ人々の関心が向けられるようになったといえ
る。墳丘は一辺が約50mの方墳で、失われた上部が方形であれば、2段築成
の方墳、円形であれば、上円下方墳ということになる。周囲には幅8.4mの壕
と幅約10mの外堤が巡り、墳丘や外堤には花崗岩の川原石を貼り付けている。
1975年に行われた周辺の発掘調査では、西北部に石舞台古墳造営以前にあっ
た7基の小古墳を破壊して造られていることも明らかになっている。

　南西方向に開く石室は墳丘のほぼ中央にあり、全長約19m。玄室内部の高
さは4.5mを測る。奥壁は巨石を2段、側壁は3段積、天井石は2石で、天井
石と奥壁、前壁の巨石が露出していることがわかる。羨道の側壁は、玄室から
1段1石が2石続き、入口付近は2段積みにし、羨道部の天井石は失われている。
床面中央には排水溝があり、玄室周囲にも排水溝が見られる。玄室内からは凝

灰岩の破片が出土しており、石棺が納められていたことがわかる。古くから開口していたこともあって副葬品は不明だが、墳丘内外からは須恵器・土師器片とともに金銅製金具が出土している。「島庄」にある7世紀前半の大王陵にも匹敵する規模をもつ巨石墳ということで、推古天皇34年（626）に亡くなり、「島大臣」と呼ばれた蘇我馬子の桃原墓とみる説が有力で、墳丘上半が失われ、石室が露出しているのは蘇我氏への懲罰だとする説もある。古墳西北の島庄遺跡（みやげ物店付近）では7世紀後半の草壁皇子の嶋宮の勾池とみられる方形園池遺構が発見されており、その南側の旧高市小学校地（現在は駐車場）で検出されている7世紀前半の建物遺構が馬子の邸宅に相当するとも考えられている。

　石舞台古墳の東側の県道を南へ行き、冬野川を渡ると、左手に都塚古墳（史跡）がある。

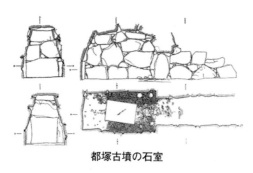

都塚古墳の石室

　都塚古墳　元旦の朝、金の鶏が現れるという伝説があり、金鳥塚という名もある。2014年、2015年に行われた墳丘部の発掘調査によって、一辺約41mの階段状の石積みにした方墳であることがわかり、「ピラミッド状古墳」として話題を集めた。南西方向に開口する横穴式石室は全長約12m、玄室中央に凝灰岩製刳抜式家形石棺があり、その前には直交して木棺が追葬されていたことが判明している。石室の奥壁、側壁は3段積みで、上になるにしたがい内側に傾けて積んでおり、天井石3石も弧状に置いている。袖石は1石だが、羨道は2段積みにする。石舞台古墳よりも古く、6世紀後半の築造とみられ、同方向に開口するなど、石舞台古墳との関連性が認められ、被葬者候補としては、蘇我馬子の父、蘇我稲目の名があげられている。

　亀石まで戻り、南に行くと、聖徳中学校の東南に野口王墓古墳（天武・持統陵）がある。

野口王墓古墳　史料には「皇ノ墓」とも記される。墳丘は八角形で最下段の対辺長約 44 m とみられ、京都山科の天智天皇陵（山科御廟野古墳）の規模とも近い。5 段に築かれ、各段に凝灰岩切石が巡らされているようすが外部からもかろうじてうかがえる。天武・持統天皇陵である檜前大内陵が文暦 2（1235）年に盗賊によって荒らされたことは『明月記』や『百練抄』にみえ、京都高山寺文書中にある「阿不幾乃山陵記」の記載が最も詳しい。これによると埋葬施設は羨道部を備えた切石の全長 7.7 m の石室で、羨道が長さ 3.5 m（幅 2.4 m、高さ 2.2 m）、玄室（棺室）が長さ 4.2 m（幅 2.8 m、高さ 2.4 m）ほどで、入口に切石状の閉塞石と玄室入口に金銅扉を備えたものとする。玄室には天武天皇の棺台に安置された漆塗木棺と持統天皇の銀製骨壺を銅製外容器に納めた蔵骨器があり、玉枕、石帯、琥珀玉などの副葬品があったことを記している。石室は江戸時代まで開口しており、「武烈の岩屋」と呼ばれていた。元禄の陵墓探索の際には天武・持統陵とされたのであるが、幕末に五条野丸山古墳が天武・持統陵とされると、文武天皇陵とされ、「阿不幾乃山陵記」をもとに天武・持統陵に再治定されたのは明治 14（1881）年のことである。

　近鉄飛鳥駅に向かって 15 分ほど歩くと鬼の俎・雪隠古墳がある。

鬼の俎・雪隠古墳　鬼の俎、鬼の雪隠は、鬼が霧を降らせて、通りかかった旅人を惑わせて捉え、石の俎で料理し、石の雪隠で用を足したという伝説をもつ飛鳥の石造物として知られるが、本来は、一体の古墳（欽明天皇檜隈坂合陵陪冢）の埋葬施設で、俎が古墳の原位置にある棺室（石榔）の床石、道の下方に転落している雪隠が蓋石となって組み合う刳抜き式の棺室（横口式石榔）である。石材は石英閃緑岩（飛鳥石）。明治 22（1889）年頃に割られようとしたところを、御陵伝説地に指定され、破壊をまぬがれ、欽明天皇陵陪冢とな

鬼の雪隠

鬼の俎

っている。文化財保護法やその前身の史蹟名勝天然紀念物保存法（大正8年）以前、明治時代には公的な古墳の保存策としては陵墓や陵墓参考地の治定以外の手だては無かったのである。陵墓の陪冢であるが、境界の鎖柵はぎりぎりにあるので、見学にはなんら支障がない。俎のほうの床石に穿たれた矢穴のうち、縦方向のものは明治のものとみられるが、横方向の3列は古く、江戸時代前期の可能性が指摘されている。蓋石（雪隠）を転落させた時期もこの時と思われ、高取城築城に伴う石材採取によって古墳が破壊された可能性も考えられる。

　このような刳抜棺室をもつ古墳は御坊山3号墳（斑鳩町）、牽牛子塚古墳・越塚御門古墳（明日香村）、石宝殿古墳（大阪府寝屋川市）などが知られているが、その中でも鬼の俎・雪隠古墳の棺室は長さ2.8m、幅1.5m、天井高1.3mという最大の規模をもっている。大化2（646）年3月甲申の詔（大化の薄葬令）の「王より以上の墓は、其の内の長さ九尺、濶さ五尺」について、これを唐尺（1尺＝約29.5cm）とすると、ほぼその規定に合致し、7世紀後半の王以上の墓ということになる。こうした刳抜棺室や棺室付石室など石棺式石室（横口式石槨）の採用によって、遺骸は古墳に据え付けた石棺に納めるのではなく、遺骸を納めた棺を古墳に運ぶ葬法がとられるようになる。葬送儀礼は古墳とは別の場で行われ、古墳で葬送儀礼が行われることはなくなり、古墳は王侯貴族を埋葬する墓そのものになって、古墳はその終焉を迎えたともいえる。

　明治10年頃、鬼の俎から東へ約9メートル離れた隣接地でも俎と同様の石材が発見され、これは割られて民家の庭の延石となっていたが、現在は奈良県

立橿原考古学研究所附属博物館の前庭に保存展示されている。これは復元すると長さ2.5メートル、幅1.36 mの床面をもつ棺室床石となる。鬼の俎・雪隠2号墳とも呼ばれているが、別の古墳ではなく、一墳丘双室の長方形墳で、その東棺室（東榔）とみる見方もある。

　鬼の俎、鬼の雪隠から西へ歩くと、道の北側に、これも欽明天皇陪冢となっている**金塚古墳**（平田岩屋古墳）がある。明治23（1890）年に石材採取のために破壊を受けており、切石を用いた横穴式石室をもっており、築造時期は7世紀中頃とみられている。野口・平田丘陵の西端には平田梅山古墳（欽明天皇陵）がある。

　平田梅山古墳　前方部を西に向けた前方後円墳で、墳丘長140 m、周囲には濠を巡らせるが、山側の幅は狭い。終末期の古墳と同じく、斜面を東西260 m、南北160 mのコの字形に削平した後に墳丘を築いている。墳丘は3段築盛で、造り出し部があり、葺石（貼石？）をもつ。南側外堤に「ツクエ」と呼ばれる幅10〜15 m、長さ100 mほどの平坦地がある。現在、梅山古墳の西にある吉備姫王墓に置かれている「猿石」は、この南側の「池田」で元禄15（1702）年に発見されたもので、「掘り出しの山王」として梅山古墳のくびれ部近くの前方部に置かれていたが、文久年間の修陵によって陵外に移されたと伝えており、猿石はこの「ツクエ」の平坦地に置かれた梅山古墳の墓前祭祀に関わる石造物とみる説がある。また「池田」からは檜の古木が出土したとも伝えており、これが『日本書紀』推古天皇28（620）年の檜前陵の域外に「大柱を土の山の上に建てしむ」という記事の「大柱」とみ

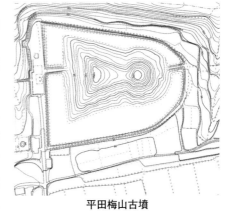

平田梅山古墳

る説もあり、葺石の存在は「砂礫を以て檜前陵の上に葺く」という記事に合致するとして平田梅山古墳を檜前陵（欽明天皇陵）でよいとする根拠のひとつともなっている。

野口・平田丘陵には西から平田梅山古墳、金塚古墳、鬼の俎・雪隠古墳、天武・持統天皇の檜前大内陵（野口王墓古墳）が並んで営まれており、これを西から順に営まれた王陵とみて、平田梅山古墳を王朝の始祖である欽明天皇の檜前陵、金塚古墳を欽明天皇の孫で、斉明（皇極）天皇の母である吉備姫王（643年薨去）の檜前墓、鬼の俎・雪隠古墳を孫の健王と合葬された斉明天皇（661年崩御）の初葬陵とみて、その子の天武天皇の大内陵が最東端にあるとみる見方もある。

(2) 越智真弓の古墳

　『万葉集』にも詠われた「真弓丘」は国道169号線や近鉄吉野線の西側の越智丘陵、明日香村越、真弓、高取町佐田、森にかけての東西約1キロ、南北2キロほどの範囲を指すものとみられている。東側の檜前とともに後期から終末期（飛鳥時代）の古墳が多く、飛鳥時代後期の王族墓が営まれた天武朝の「陵園」の存在を推定する説もあるが、持ち送りの強いドーム状の石室構造や渡来系の副葬品をもち、東漢氏（檜前忌寸）との関わりを推測させる古墳もみることができる。岩屋山古墳は考古学を志す者にとっては、必ず見ておくべき古墳とされ、電車の待ち時間でも見学可能なので、必見の古墳である。

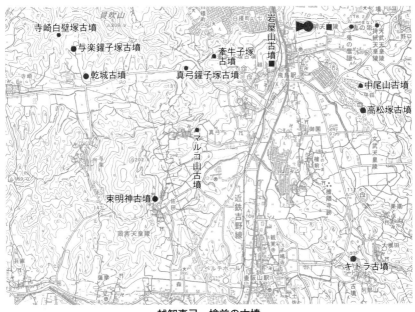

越智真弓・檜前の古墳

●越智真弓探訪コース
近鉄飛鳥駅→岩屋山古墳→牽牛子塚古墳→真弓鑵子塚→乾城古墳→与楽鑵子塚古墳
→寺崎白壁塚古墳→マルコ山古墳→束明神古墳→近鉄壷坂山駅

飛鳥駅の北の踏切を渡ると、民家に囲まれて岩屋山古墳（史跡）がある。

岩屋山古墳　道路から石段を登ると、きわめて保存の良い横穴式石室が南向きに口を開いている。明治時代にこの古墳を訪れたイギリス人、ウィリアム・ゴーランドが「最もすばらしい驚嘆するような切り出し石の巨石構造の例は、舌を巻くほど見事な仕上げと石を完璧に組み合わせてある点で、日本中のどれ一つとして及ばない」と評した石室である。石材は黒い縞状の斑点が特徴的な石英閃緑岩（飛鳥石）で、全長 17.78 mの石室は精巧に加工した切石を積み上げてつくっている。

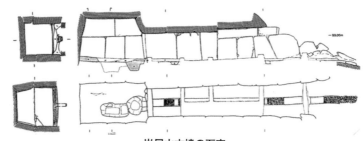

岩屋山古墳の石室

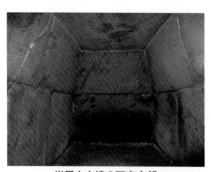

岩屋山古墳の石室内部

墳丘は西側半分が大きく削り取られているが、一辺が約 40 mの二段築成の方墳とみられており、上段の墳丘を八角形とする考え方もある。石室の通路部分である羨道入口の天井石の端を廂形にしていて、この部分は墳丘完成後も露出させていたとみられる。また、この入口天井石の下面には溝が彫

られ、雨水の水切りあるいは石室閉塞に関わる加工とみられている。羨道は幅約2mで、側壁は入口から四つめの石までは2段積み、天井高は約2m、上段は横長の石を用い、目地通りをはずし、布積みにしている。羨道奥は天井石を約20cm低くし、段差をつけ、その奥の側壁は巨石が3石並ぶ。羨道幅も奥が狭く、やや外開きになっている。玄室（墓室）部は長さ4.9m、幅2.8mあり、高麗尺（1尺＝約35.4cm）で14尺×8尺に設計されている可能性が考えられる。側壁は下段3石、上段2石の2段積み。奥壁は1石の2段積みで、上段の石の内側を傾けている。玄室天井までは高さ3.1m、天井石は1石の巨石である。

　こうした石舞台古墳の巨石3段積みの石室よりも整った切石2段積みの横穴式石室は、「岩屋山式石室」と名付けられ、7世紀の中頃の築造とみられている。奈良県内ではムネサカ1号墳（桜井市）、小谷古墳（橿原市）、峯塚古墳（天理市）などが知られ、中でもムネサカ1号墳の石室は岩屋山古墳とほぼ同規格で築造されている。また、河内飛鳥の叡福寺聖徳太子墓（大阪府太子町）の石室も同様の構造をもつとみられており、聖徳太子の薨去は推古天皇30（622）年、あるいは推古天皇29（621）とされるので、7世紀中頃に位置づけられる「岩屋山式石室」との間には若干の時間差が生じる。叡福寺の聖徳太子墓が「岩屋山式石室」で、聖徳太子墓であれば、再葬の可能性も考えなければならない。岩屋山古墳については、これまでに斉明（皇極）天皇（661年崩御）の初葬陵とみる説やその母の吉備姫王（643年薨去）等がその被葬者候補として挙げられている。

　岩尾山古墳から西へ500mほど歩くと牽牛子塚古墳（史跡）に着く。

牽牛子塚古墳　「牽牛子」とはアサガオのことで、その種子を乾燥させた漢方薬材の名でもある。この古墳の国史跡指定時の読みは「あさがお塚」なのであるが、「けんごし塚・けごし塚」と呼ばれることが多い。所在地の字地名は「御前塚」である。合葬用の東西2室からなる凝灰岩の巨石を剖り抜いた棺室（横口式石槨）をもっており、古く大正12（1923）年に史蹟に指定されている。

牽牛子塚古墳の棺室

牽牛子塚古墳墳丘裾の石敷とバラス敷

麻布を重ね、漆で固めてつくった最上位の棺とされる夾紵棺（脱乾漆棺）片や亀甲形七宝金具、ガラス玉の出土が知られ、2009年と翌2010年に明日香村教育委員会によって実施された発掘調査によって、墳丘は版築によって3段に築かれ、墳丘表面を凝灰岩切石で外装したとみられる八角形墳であることが確定した。墳丘裾を囲む凝灰岩切石の石敷遺構が墳丘西北で確認され、その外側には、バラス敷きがあり、凝灰岩石敷から約1m離れて川原石を並べた仕切り石列が検出されている。仕切り石までの八角形対辺長は約26.6mを測り、唐尺（1尺＝約29.5cm）で90尺の規模で造られて

いる可能性がある。

　二上山凝灰岩の巨石（東西約5m、南北約3.5m、高さ約2.5m）を刳り貫いた横口式石槨は棺台を削り出した床石に二つの棺室を繰り抜いた蓋石で覆ったもので、ほぼ同規模の棺室が間仕切壁をへだてて東西に並ぶ。棺室の内法の長さ2.08m、幅1.2m、室高1.2mも唐尺の7尺、4尺、4尺で設計されたとみられる。棺室壁面には漆喰が塗布されている。南の開口部は二室の中央に方形に開けられ、四隅に飾金具を取り付けたとみられる凝灰岩製石蓋（内扉）が嵌る。外側に立てられた閉塞石（外扉）は安山岩系の石材を用いており、石槨の周囲には、立て並べた切石の石材で取り囲んでいる。

　築造時期は 7 世紀後半頃と考えられており、当時の最高技術を駆使した「八角墳」であり、被葬者については女性の歯の出土もあって、斉明（皇極）天皇（661 年崩御）とその皇女、間人皇女（孝徳天皇皇后・665 年薨去）の合葬墓と考える説が有力視されている。また、牽牛子塚古墳の南東で刳抜棺室（横口式石槨）をもつ越塚御門古墳が発見されており、『日本書紀』が天智 6（667）年に大田皇女（斉明天皇の孫、中大兄皇子の娘、大伯皇女、大津皇子の母、）を「小市岡上 陵 」の陵前之墓に葬ったという記述があり、牽牛子塚古墳＝斉明陵説を補強している。

　牽牛子塚古墳の西を西南へ下り南下の道を西へ行くと真弓鑵子塚古墳の前に出る。

真弓鑵子塚古墳　直径 40 m、2 段築成の円墳で、横から見た墳形が鑵子と呼ばれる茶釜を思わせるのでこの名がある。南に開口する全長 19 m 以上の右片袖式の横穴式石室があり、石室は大型石材を 6〜7 段積み上げ、上部で急激に持ち送って、穹 隆 状（ドーム状）にしており、天井高は 4.8 m を測る。かつては玄室両側に羨道をもつ特異な構造をもつ石室とされていたが、明日香村教育委員会の発掘調査によって、北側の羨道部分は奥室とする見解が出されている。石室内からは金銅製獣面飾金具、銀象嵌刀装具、金銅製馬具、ミニチュア炊飯具、玉類などが出土し

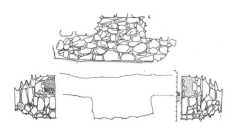

真弓鑵子塚古墳の石室

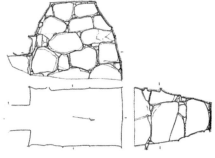

乾城古墳の石室

ており、凝灰岩片の出土から石棺の存在もうかがえる。築造年代は石室構造や
出土遺物などから6世紀中頃〜後半とみられる。石室は安全性の問題から立ち
入ることができない。出土遺物は**明日香村埋蔵文化財展示室**（明日香村飛鳥
225：0744 - 54 - 5600）で展示、公開されている。

　真弓鑵子塚古墳から西へ歩き、高取町に入ると、いくつかの古墳が連なって
おり、**与楽古墳群**（史跡）と呼ばれている。まず、飛鳥病院の手前、道の北側
に**乾城古墳**がある。真弓鑵子塚古墳と同様の、ドーム状の天井高が高い横穴式
石室をもつ古墳として知られている。一辺36 m、二段築成の方墳で、南に開
口する両袖式横穴式石室は全長11.6 m、巨石を4〜5段持ち送ってドーム状
に積み、一石の天井石を載せている。天井高5.27 mと奈良県一の高さをもつ。
ミニチュア炊飯具、銀製指輪が出土しており、7世紀前半に位置づけられてい
る。古墳の西側を北に入ると**与楽鑵子塚古墳**がある。径28 m、2段築成の円
墳で全長9.6 m、南に開口する右片袖式の横穴式石室をもつ。石室の下部は大
型石材を積み、5段目以上を持ち送り、ドーム状に3〜4段積み、天井石は2
石としている。天井高は4.2 m。この古墳からもミニチュア竈、鉄製馬具、金
銅製鞍金具、金環、銀製指輪が出土しており、6世紀後半でも比較的早い時期
の築造とされる。また、さらに北側の尾根南斜面には7世紀中頃の棺室（奥室）
付石室（横口式石槨）をもつ**寺崎白壁塚古墳**がある。

　このようなミニチュア炊飯具、銀製指輪といった外来系の副葬品をもち
穹隆状（ドーム状）横穴式石室を特徴とする古墳は、橿原市から明日香村、
高取町に集中してみられ、奈良時代に坂上苅田麻呂が「（高市郡の）郡内に
は檜前忌寸および十七県の人夫が地に満ちて住み、他姓のものは十中一、二に
すぎない。」と奏言したように東漢氏（檜前忌寸）と総称される渡来系氏族の
墳墓である可能性が高いとみられる。東漢氏は飛鳥檜隈を中心に活躍した渡来
系の人々の集団が擬制的に作り上げた同族組織とされ、その高い技術は古墳の
巧みな石積みにもうかがえる。飛鳥時代を演出した渡来系の人々の墓域は飛鳥
の西方丘陵であったとみてよいだろう。

明日香村真弓にはマルコ山古墳（史跡）がある。

　マルコ山古墳　飛鳥時代の終末期の古
墳で、墳丘は円墳とみられていたが、六
角形とみられる多角形墳であることが確
認されている。埋葬施設は高松塚古墳、
キトラ古墳とも共通する凝灰岩切石の組
合せ式棺室（横口式石槨・墓室内寸法長
さ 2.71 m、幅 1.28 m、高さ 1.35 m）で、
奥壁が 2 石、天井はキトラ古墳や石のカ

マルコ山古墳

ラト古墳（奈良市）と同じく屋根形に掘り込んでいる。室内全面に漆喰が塗布
されるが、壁画は描かれていない。棺は内外面に麻布を貼り、外面に黒漆、内
面に朱漆を塗布した木心乾漆棺で、棺飾りとみられる金銅製六花金具や大刀飾
金具が出土している。被葬者は 30 代後半から 40 代前半の男性とされ、高松塚
古墳、キトラ古墳と同じく天武持統朝の王族の墓とみてほぼ間違いはないだろ
う。

　宮内庁が草壁皇子陵として治定している岡宮天皇真弓 丘 陵 の北約 270 m、
高取町佐田の春日神社境内には束明 神古墳がある。

　束明神古墳　終末期（7 世紀末）の古
墳で、神明塚（塚の明神）の名もあるが、
古墳の前に献燈された嘉永 4（1851）年
の石燈籠には「束明神」と刻んでおり、
これを古墳の名としている。昭和 59
（1984）年に行われた発掘調査で、二上
山凝灰岩の切石ブロック（50×50×30
cm）を積み上げた内法長さ 3.1 m、幅

束明神古墳

2.06 m、高さ 2.5 m の石室が発見された。その復元石室が造られ、橿原考古学研究所附属博物館（橿原市畝傍町）前庭に展示されている。この石室には南壁の上部に入口がつき、側壁は 5 段まで垂直に積み、上部 5 段は内傾させて、家形にしている。床面には 2 段に切り石が敷かれ、漆喰が塗られるが、壁面では確認されていない。漆棺のものとみられる漆膜片や鉄釘、金銅製棺飾金具が出土している。墳丘は対辺長約 36 m（唐尺 120 尺）の八角形墳の可能性があり、青年期後半から壮年期と推測される歯牙の出土もあって、被葬者の候補に草壁皇子が挙げられている。草壁皇子は天武天皇と鸕野讃良皇女（持統天皇）との間に生まれ、皇太子としてその即位が期待されながらも、持統天皇 3（689）年に 28 歳で薨去した。『万葉集』に収録されるその挽歌には「檀岡」あるいは「佐田岡」が詠われており、その陵は「檀山陵」とされる。佐田の南、高取中学校北側の道は大和から紀伊に通じる紀路（古代の南海道）で、神護景雲元（765）年の称徳天皇の紀伊和歌浦行幸では、「檀山陵を過ぐるときに、陪従の百官に詔して悉く下馬せしめ、儀衛のその旗幟を巻かしめたまふ」と『続日本紀』は記しており、陵は紀路近くに存在していたことがわかる。

束明神古墳の復元石室内部

(3) 飛鳥檜前の古墳

　天武・持統陵の南の檜前には中尾山古墳、高松塚古墳、キトラ古墳がある。国営飛鳥歴史公園として整備されており、高松塚周辺地区には飛鳥歴史公園館や高松塚壁画館、キトラ古墳周辺地区にはキトラ古墳壁画体験館など解説施設もあり、ゆっくりと見学したい。

●飛鳥檜前探訪コース

近鉄飛鳥駅→〈高松塚壁画館〉→高松塚古墳→中尾山古墳→〈檜前寺跡〉→キトラ古墳→近鉄飛鳥駅または近鉄壷坂山駅

高松塚古墳　1972 年の壁画の発見によってあまりにも有名なこの古墳（特別史跡）は径 23 m、2 段築成の円墳である。壁画は発掘調査後、空調設備を備えた保存施設によって永久保存が図られたが、大量のカビ発生や壁画劣化によって、壁画保存のため 2006 年から石室の解体が進

高松塚古墳

められ、壁画の描かれた石室壁は取り出された。約 10 年間の保存修理完成後はもとの古墳へ戻される予定と聞くが、現在も壁画の修理作業が継続されている。石室（墓室）は東西壁各 3 石、南北壁各 1 石、天井石・床石 4 石の凝灰岩切石を組み合わせた「組合せ式棺室（石槨）」であるが、南壁（扉石）で最終的に墓室を閉塞しているので、「横口式石槨」と呼ぶ研究者が多い。岬墓古墳（桜井市）にみられる玄室の石槨化から花山西古墳（桜井市）や観音塚古墳（羽曳

野市）のような棺室（奥室）付石室（石棺式石室）が生まれ、鬼の俎・雪隠古墳、牽牛子古墳のような刳抜式棺室が王族の墓として採用され、7世紀末には、このような組合せ棺室（墓室）が現れる。平野塚穴山古墳（香芝市）などの切石造の石室の羨道部を省略した石槨、神明社古墳（葛城市）などの無袖横穴式石室からの流れも考えてもよい。同様の墓室（石槨）をもつ古墳は高松塚古墳以外にキトラ古墳、マルコ山古墳と飛鳥から離れた石のカラト古墳（奈良市）が知られている。高松塚の天井部は平らで、他の3基の天井部は屋根形の掘り込みがあるが、墓室の内法寸法（高松塚：長さ2.64m、幅1.03m、高さ1.13m）もあまり変わらない。棺はマルコ山古墳と同じく木心乾漆棺を用いている。高松塚古墳に見られる蓋・翳・払子・如意など威儀具をもつ従者像、四神、日月星宿図などの壁画は律令期の朝賀儀礼とも共通するとされ、出土した海獣葡萄鏡と同型鏡が唐の独孤思貞墓（698年）から出土していることなどからみても、被葬者は7世紀末の王族とみて、ほぼ間違いはないのだろう。

　天武天皇の皇子では大津皇子が朱鳥元（686）年に自害、二上山に葬られており、鳥谷口古墳（葛城市當麻）がその候補にあげられている。持統天皇3（689）年に薨去した皇太子であった草壁皇子の陵は「檀山陵」、これは束明神古墳（高取町）が有力視されているところである。また、長男の高市皇子は持統天皇10（696）年に薨去しており、その墓は「広瀬郡三立岡墓」とされている。7世紀の末に亡くなり、高松塚古墳・キトラ古墳・マルコ山古墳の被葬者候補としては、『日本書紀』が記す範囲では、天智天皇皇子で「越智野」に葬られた川島皇子（691年、35歳で薨去）、天武天皇皇子の弓削皇子（699年、27歳で薨去）、忍壁（刑部）皇子（705年、40歳代で薨去）の3人が有力視される。因みにそれぞれの古墳の出土人骨の年齢鑑定はマルコ山古墳が30歳後半から40歳前半頃の男性、高松塚古墳が40歳代あるいは46～47歳の熟年男性、キトラ古墳が40～60歳の男性とされている。また、石のカラト古墳が平城京遷都以後の造営であるならば、和銅8（715）年に薨去した長皇子（40～50歳代で薨去）や穂積皇子（40歳代前半で薨去）もその候補となる。天武天皇の皇子ではあるが、天平7（735）年に薨去した新田部皇子や舎人皇子となると

時期的にみてもはや古墳ではなく、火葬墓なのではないだろうか。

　いずれにせよ、この凝灰岩切石を組み合わせた墓室に漆棺を納めた墳墓が最終末期の古墳ということになるが、これらにはかつての巨大前方後円墳のような記念物、モニュメント的要素は無く、唐の文化的影響下にある墳墓と呼んでもよい。古墳の消滅は律令国家の形成と表裏一体の政治的な出来事であったといえる。

　〈高松塚壁画館〉　高松塚古墳の西側にあり、発見当時のままの壁画を模写した『現状模写』と『復元模写』、石室の原寸レプリカおよび出土した副葬品レプリカなど、高松塚古墳の全貌をわかりやすく展示している。（有料・年末年始休館・開館 9：00 ～ 17：00・0744 - 54 - 3340）

　なお高松塚古墳出土品は**奈良文化財研究所飛鳥資料館**（明日香村奥山・0744 - 54 - 3561）で展示されている。

　また石室から取り出された国宝高松塚壁画は飛鳥歴史公園内の修理施設で期間を定め公開されている。（事前申し込みが必要）

　高松塚古墳の北側の尾根（中尾）の頂上部には、中尾山古墳（史跡）がある。

　中尾山古墳　墳丘は 3 段築成の対辺長約 30 ｍ（唐尺 100 尺）とみられる八角形墳で、墳丘外縁に二段の敷石施設が八角形に巡り、墳頂に置かれたとみられる凝灰岩製沓形石造物（石製鴟尾？）が出土している。埋葬施設は花崗岩の切石で造られた石槨で、内法は奥行 93 ㎝、幅 90 ㎝、高さ 87 ㎝あり、底石の上に側石を立てて、天井石を載せ、凝灰岩の扉

中尾山古墳

石で閉塞する。底石は直方体を呈した花崗岩で上面中央には、蔵骨器等の台座を設置したとみられる 60 cm四方の掘り込みがある。石材の接合部には漆喰を使用し、壁面には朱が塗られている。墳丘をもつ火葬墓で、慶雲 4（707）年に崩御、飛鳥岡で火葬の後に葬られた文武天皇の檜隈安古山陵である可能性は高い。

　八角形墳は王陵固有の墳形と考えられており、段ノ塚古墳（舒明天皇陵）、牽牛子塚古墳（斉明天皇陵？）、山科御廟野古墳（天智天皇陵）、野口王墓古墳（天武・持統天皇陵）のいずれもその墳形は八角形としている。南面して営まれ、八角形が天皇の玉座で皇位を象徴する高御座、「天皇」の枕詞である「八隅知し」に由来、あるいは仏教寺院の供養堂である八角円堂の影響なのかはともかくとして、八角墳が大王（天皇）の地位の隔絶化、王権の強化のために創出された墳形である可能性は高い。

　高松塚古墳から南に歩くと、現在の「文武天皇陵」があるが、元禄年間の陵墓探索では文武天皇陵は高松塚古墳とされ、安政年間の御陵再改めで野口王墓古墳となり、現在地が文武陵に治定されたのは明治 14（1881）年のことである。「塚穴」または「じょうせん塚」と呼ばれることから古墳ではあるのだろうが、詳細は不明である。また、キトラ古墳（特別史跡）に向かう道の西方にある檜隈の於美阿志神社境内は 7 世紀前半創建の檜隈寺跡で、中門の正面に塔を置き、南に金堂、北に講堂を置いて回廊で繋ぐという特異な伽藍配置をもち、礎石も良く残る。塔心礎に建つ凝灰岩製十三重石塔（重要文化財）は平安時代後期のもので、塔心礎に納められていた褐釉四耳壺の中からは青白磁合子に納められたガラス製舎利容器が発見されている。檜隈寺は東漢氏の氏寺とみられ、於美阿志神社の名もその祖である阿智使主が転訛したものと考えられており、立ち寄りたい遺跡である。

キトラ古墳　径 13.8 mの 2 段築成の小円墳で、下段が唐尺 45 尺、上段が 30 尺で設計された可能性をもつ。1983 年のファイバースコープによる石室内部探査により、奥壁の玄武像の存在が確認され、1998 年に西壁の白虎、東壁の

青龍、天井の天文図、2001 年に南壁の朱雀、獣頭人身の十二支像が確認されたが、壁面の漆喰が劣悪な状態で石室内での保存が不可能なことが判明した。このため、2004 年から石室内部の発掘調査が行われ、2008 年までに壁画は剥ぎ取られ、2013 年に古墳の調査は終了した。

キトラ古墳

　墓室（石槨）は高松塚古墳と同様の凝灰岩切石を組み合わせた「組合せ式棺室（横口式石槨）」で墓室の内法寸法は長さ 2.4 m、幅 1.04 m、高さ 1.14 m で、天井石・床石 4 石は同じだが、高松塚とは異なり天井部には屋根形の掘り込みがあり、奥壁を 2 石、東壁を 4 石としている。壁画は四周の壁に描かれた玄武・白虎・青龍・朱雀の四神と十二支像、天井部の天文図と日月像で、高松塚古墳のような人物群像は無い。四神図は高松塚古墳壁画と似ているが、白虎は高松塚古墳とは逆に頭を北に向ける。十二支像は北壁 3 体（亥・子・丑）、東壁 1 体（寅）、西壁 1 体（戌？）の 5 体が確認されている。墓室内からは外面黒色、内面朱色の漆塗木棺片、棺飾金具（金銅製鐶座金具・六花形釘 隠）、刀装具、琥珀玉、ガラス玉が出土しており、出土人骨から被葬者は 40 〜 60 歳の熟年男性とみられている。

　キトラ古墳の西側には「キトラ古墳壁画体験館（四神の館）」（無料・開館 9：30 〜 16：30・年末年始休館・0744 - 54 - 5105）があり、高精細影像や原寸大石室レプリカが見られる。また文化庁キトラ古墳壁画保存管理施設が併設されており、キトラ古墳壁画が期間を決めて公開されている（事前申し込み必要）。

180

(4) 高市の古墳 （畝傍・橿原）

────────●畝傍・橿原探訪コース────────

近鉄畝傍御陵前駅→〈奈良県立橿原考古学研究所附属博物館〉→近鉄橿原神宮前駅
（西口）→新沢千塚古墳群・〈歴史に憩う橿原市博物館〉・新沢千塚古墳→鳥屋ミサ
ンザイ古墳→桝山古墳→小谷古墳→沼山古墳→〈益田岩船〉→近鉄橿原神宮前駅・
近鉄岡寺駅

高市の古墳

　畝傍山、香久山、耳成山の大和三山に
囲まれた地域は藤原京の造営によって削
平された古墳が多いが、越智丘陵の北側
には、新沢古墳群とその造営とも関わる
可能性がある前方後円墳のミサンザイ古
墳、我が国最大の方墳である桝山古墳が
あり、越智丘陵の東側には切石造の精巧
な「岩屋山式石室」をもつ小谷古墳、ド

新沢千塚古墳群

ーム状石室をもつ沼山古墳があり、ここまで来ると、牽牛子塚古墳（明日香村）
も近い。起点は橿原神宮前駅となるが、畝傍御陵前駅で下車し、奈良県立橿原
考古学研究所附属博物館の見学をお薦めする。橿原神宮駅からもさほど遠くな
い。なお、新沢千塚へは橿原神宮前駅西口からバスの利用も可能（「川西」下
車すぐ）である。

　〈橿原考古学研究所附属博物館〉　常設展「大和の考古学」は、日本考古学の
基準資料ともなる奈良県内の遺跡から出土した資料によって時代別に展示され
ており、「目で見る日本の歴史」になっている。奈良県内で発掘調査された古
墳の主要な出土遺物はここで見ることができる。
　（有料・月曜、年末年始休館・開館 9：00 ～ 17：00・0744 - 24 - 1185）

　橿原神宮前駅西口から新沢千塚へは徒
歩約 30 分。バスの便もある。
　新沢千塚古墳群（史跡）は橿原市の南
西、川西町の県道戸毛久米線の北側と南
側の千塚山一帯に約 350 基の古墳が群集
する大古墳群である。

　新沢千塚古墳群　川西千塚、鳥屋千塚
とも呼ばれる。「にいざわせんづか」と

新沢千塚古墳群の分布

呼ばれているが、旧新沢村にあり、「しんざわ」の読みが本来である。古墳群のある丘陵は戦後、農地造成事業予定地となったため、1962年から5か年にわたって約130基の発掘調査が実施され、古墳群の重要性が明らかになり、1976年に国史跡に指定された。北地区については、橿原市によって整備されている。古墳群の西側に隣接して「歴史に憩う橿原市博物館」が建てられており、古墳見学前に見学したい。

　古墳は5世紀後半から6世紀前半の木棺直葬の古墳が多く、6世紀後半に増加する横穴式石室をもつ小円墳の群集墳とは区別し、「初期群集墳」とされる。円墳の他に前方後円墳、前方後方墳、方墳、長方形墳などさまざまな形があり、丘陵尾根上や最高所に中心的な古墳がまず営まれ、周辺に拡大していったとみられる。

　県道北側の北地区の中央部、丘陵の頂上にある126号墳は、5世紀後半に営まれた東西約22m、南北約16mの長方形墳で、直葬された割竹形木棺の棺内からは、龍文の透しがある金製方形冠飾、金製垂飾付耳飾、金線螺旋状髪飾、翡翠勾玉や金、銀、ガラス製の玉類からなる首飾、金、銀製の腕輪や指輪、金銅製帯金具など豪華な副葬品とともに、遺体を覆った布に縫い付けられていたとみられる金製歩揺が棺内部全体から出土している。また、棺内東側にはペルシャ製とみられる半透明の切子のガラス椀とローマ製の可能性をもつ金彩が施されたコバルトブルーのガラス皿が副葬されており、棺外東には鉄刀、青銅製熨斗、漆盤が副葬されていた。金銀製の装身具やガラス器を副葬するといった点では新羅の古墳とも共通し、熨斗は中国や古代朝鮮では女性の墓への副葬が知られることから126号墳の被葬者は日本に渡来した貴人女性と推定されている。このほかにも、海外との関わりをうかがわせる遺物では、南地区の281号墳から百済土器とみられる平底壺が出土している。

　また、新沢千塚古墳群には5世紀後半の甲冑、武器を副葬する古墳が多く、将校クラスの武人、馬具をもつ騎兵、刀剣と鉄鏃をもつ歩兵など墳形と副葬品による被葬者の階層差を想定することも可能である。被葬者としては、中央政権の中で軍事を担い、久米や築坂を本拠としたとされる大伴氏が率いた伴部、

高市郡に定着した韓半島南部からの渡来人集団で、蘇我氏によって掌握される東漢氏などが想定されているが、5世紀の半島への軍事行動による常備軍の整備、渡来系の人々の政権への参画、この二つが新沢千塚を形成させた要因であった可能性は高いと考えられる。

〈歴史に憩う橿原市博物館〉　常設展では橿原市の歴史を縄文時代から江戸時代までの4つのゾーンに分け、考古資料を中心に紹介している。
（有料・月曜、年末年始休館・開館9：00 〜 17：00・0744 - 27 - 9681）

　新沢千塚から橿原神宮への道を戻り、「船付山口」のバス停から南に橿原高校の方へ曲がると鳥屋ミサンザイ古墳（宣化天皇陵）がある。

鳥屋ミサンザイ古墳　前方部を東北に向けた全長138 mの前方後円墳で、盾形（馬蹄形）の周濠が巡るが、東北は鳥屋池と一体になっている。外堤から眺めるしかないが、くびれ部両側に造り出しがあり、前方部東側にも張り出し部がある。宮内庁の調査で出土している須恵器から6世紀前半の築造とみられ、新沢千塚古墳群の東端からは100 mも離れておらず、造営時期からも、この古墳の被葬者が新沢千塚古墳群の被葬者集団と無関係であったとは考え難い。

　鳥屋ミサンザイ古墳からさらに南に行くと、桝山古墳（倭彦命墓）がある。

桝山古墳　倭彦命は崇神天皇の皇子で、垂仁天皇の弟とされ、『日本書紀』では「身狭桃花鳥坂」に葬られ、殉死の禁令、埴輪創始の契機となった墓として物語られているが、歴史的事実ではない。明治10（1877）年に治定され、明治23（1890）年に修営されている。前方部を付加して前方後円形に生垣が巡らされているが、垣外から観察すると、後円部とする部分は、一辺約85 mの方墳で、墳丘は3段築成で、高さも約15 mあって、我が国最大の方墳とみられる。古墳時代中期前半（5世紀前半）の造営とみられるが、この大方墳の

184

造営が新沢千塚造営の契機であった可能性を考えてもよい。

　鳥屋バス停の北側にある益田池児童公園には空海の「大和州益田池碑銘」で
知られる**益田池の堤**（県史跡）が残る。高取川を堰き止めた平安時代初期の灌
漑用溜池で、橿原考古学研究所附属博物館に展示されている巨大な樋管は公園
の東を流れる高取川の改修工事で出土したものである。道を白橿北小学校の方
へ入り、白橿4丁目の鳥屋南児童公園と県営白橿町住宅の間の道を道なりに西
へ行くと小谷古墳（県史跡）がある。

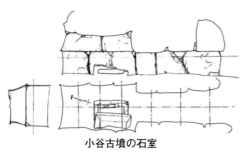

小谷古墳の石室

小谷古墳の石室内部

小谷古墳　貝吹山から北東に
延びる越智丘陵の先端に築かれ
ており、墳丘は半壊状態だが、
一辺35mほどの方墳ともみら
れ、巨石を用いた全長約11.6
mの両袖式の横穴式石室が南に
開口している。羨道は一石を3
石並べ、玄室の奥壁は上下2石、
側壁は下段3石、上段2石の2
段積みで上段が内傾し、構造は
岩屋山古墳（明日香村）の石室
と共通する。玄室部は岩屋山古
墳よりもやや大きいが、羨道部
分の長さは、その半分ほどで、
岩屋山古墳の羨道前半分を略し
た石室とみることもできる。

　天井石は玄室1石、羨道3石で、石材は石英閃緑岩（飛鳥石）を用いており、
石材間には漆喰が残る。玄室に残された家形石棺は播磨竜山石製の刳抜式家形
石棺で、蓋は縄掛突起が無い新しいタイプのものである。棺蓋が開けられ、傾

いた棺身が過去の盗掘をものがたっている。石室や石棺から岩屋山古墳と同じ7世紀中頃の築造とみられるが、岩屋山古墳に先行するとみる意見もある。この古墳の南には、内部は不明だが同時期ともみられる小谷南古墳があり、対になった「双墓」とみる説もある。

　岩屋山古墳と同規模の切石造の精巧な石室をもつ古墳としてムネサカ1号墳（桜井市）があり、峯塚古墳（天理市）は小谷古墳のような短い羨道部をもっている。こうした「岩屋山式石室」の在り方の背景には共通する石室の設計や造営の背景に造墓にあたる専門技術集団の存在がうかがえる。王権からの造営工人の派遣によって、造営可能な最高級の石室であり、王家と中央豪族にのみ許された石室といってもよいだろう。岩屋山古墳や小谷古墳については斉明（皇極）天皇（661年崩御）の初葬陵とみる説もあるところで、「岩屋山式石室」をもつ古墳の被葬者が『日本書記』に名前が出てくるような人物であることついては、ほぼまちがいない。

　小谷古墳から南へ歩くと、白橿南小学校の手前に**益田岩船**（県史跡）への登り口がある。急坂を登ると東西約11ｍ、南北約8ｍ、高さ約5ｍの石英閃緑岩の巨石があり、その上面には幅1.6ｍの帯状の彫り込みがあり、一辺1.6ｍ、深さ1.3ｍの正方形の穴が東西に並んで掘り込まれている。側面

益田の岩船

には石材加工に伴う縦横の溝や格子状の溝が残る。益田池碑の台石と伝えられてきたが、牽牛子塚古墳（明日香村）との墓室との類似から終末期古墳の刳抜棺室の未完成廃棄説が出されている。方形穴底部の亀裂が廃棄の理由とも考えられ、硬質の石材加工の困難さがうかがわれる。

　白橿南小学校の東側にある白橿近隣公園内の丘陵頂に沼山古墳がある。

沼山古墳の石室

沼山古墳　径約18mの円墳で、全長約9.5m、右片袖式の横穴式石室が南に開口する。石室は石材を7〜8段積み上げ、5段以上を持ち送り、天井高は4.25mと高く、乾城古墳（高取町）の石室と類似する。土師器、須恵器などの土器類の他に金銅製馬具、銀製空玉（うつろだま）・ガラス小玉・トンボ玉・金環などの副葬品が出土しており、6世紀後半の築造とみられ、土器類の中には竈（かまど）、鍋、甑（こしき）などのミニチュア炊飯具がある。竈形土器の古墳への副葬は古代朝鮮にみられ、死者が飲食に不自由しないようにという供膳儀礼に関わるもので、渡来系氏族の古墳に特徴的な副葬品とされる。真弓鑵子塚古墳（明日香村）、乾城古墳、与楽鑵子塚（高取町）などとともに越智丘陵に営まれた渡来系の人々の墳墓とみられる。

　沼山古墳から東へ歩くと近鉄岡寺駅であるが、白橿中学校西側の道を登ると、約300mで牽牛子塚古墳（明日香村）なので、岩屋山古墳（明日香村）を見て、飛鳥駅に出ても良い。

(5) 巨勢谷の古墳

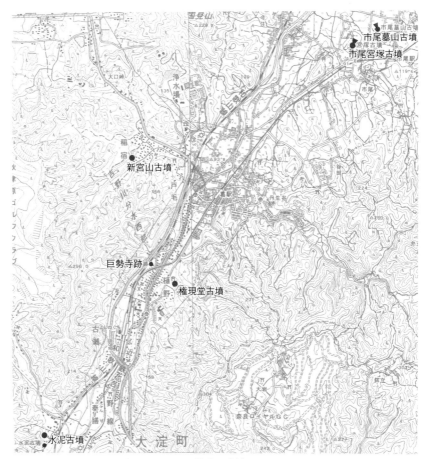

巨勢谷の古墳

　飛鳥から西南へ巨勢谷を通り、重阪（辺坂）峠を越えて宇智郡を経て紀州へと通じる旧高野街道は古代の紀路であり、紀ノ川河口から瀬戸内の海上交通路につながる道であった。律令時代の南海道がこれに相当する。この紀路が貫く

巨勢谷一帯は葛城氏の衰退の後、継体朝以降に大和西南部に勢力をもった新興の許勢（巨勢）氏の本拠地とみられ、大規模な横穴式石室をもつ後期古墳が多い。

―――――――――●巨勢谷探訪コース―――――――――

近鉄市尾駅→市尾墓山古墳→市尾宮塚古墳→新宮山古墳→〈巨勢寺跡〉→権現堂古墳→水泥古墳→近鉄吉野口駅・JR吉野口駅

市尾駅の北、丘陵に囲まれた市尾平地中央に市尾墓山古墳（史跡）があり、駅からもその姿を望むことができる。

市尾墓山古墳　墳丘全長66mの前方後円墳。前方部を北西に向け、墳丘に樹木が無いので、2段築成された墳丘全体を一目で見ることができる。墳丘を囲む周濠跡もよくわかり、西側と北側には、田畑より一段高い外堤も残っている。後円部の直径が39mあるのに対し、前方部の幅が49mと広い。墳丘の高さは約10m、後円部と前方部が、ほぼ同じ高さになっており、2段目を高く造っている。古墳から離れて見ると、外堤の上に墳丘が見え、外堤と一体となり、100m級の前方後円墳のようにも見える。墳丘のくびれ部左右には墳丘よりも一段低く、長方形の造り出しがある。墳丘斜面には葺石が施され、1段目の間の平坦面に埴輪列がめぐる。墳丘に立てられた鳥形、笠形、

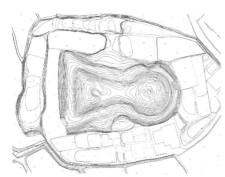

市尾墓山古墳

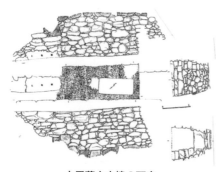

市尾墓山古墳の石室

石見型などの木製立物も周濠部から
出土している。

　1978年の発掘調査で、後円部中
央で墳丘主軸に直交するように築か
れた横穴式石室が発見されている。
石室は玄室の長さが5.9ｍ、幅が
2.6ｍのやや細長い右片袖の石室で
ある。羨道は長さ3.6ｍと短く、入

市尾墓山古墳（北西より）

口は墳丘中に埋め込まれ、墓道が墳丘南斜面まで続いたとみられる。石室は割
石層の上に粘土層を叩き締めた基盤の上に築かれており、やや小ぶりの自然石
を8～9段積み上げている。奥壁にも開口部があったことが石積の違いからわ
かり、石棺搬入路の可能性が指摘されている。礫敷された玄室中央に納められ
た刳抜式家形石棺は、二上山凝灰岩製で、蓋の長辺斜面に2個ずつ、4個の大
きな楕円形の縄掛突起をもつ古式の家形石棺である。盗掘を受けているが、馬
具、鉄刀、玉類、須恵器、土師器などが出土している。出土した須恵器から古
墳時代後期初頭（6世紀初頭）の築造であることがわかり、被葬者については、
『日本書記』が男大迹王（継体天皇）の即位を支持し、大臣に任ぜられたと記
す許勢（巨勢）男人とみる説がある。

　市尾墓山古墳の南側の道が近世に高野街道と呼ばれた「紀路」であるが、こ
の道を西へ歩くと、道の北側の丘の上
に天満神社があり、神社本殿の東側に
市尾宮塚古墳（史跡）がある。

市尾宮塚古墳 全長約47ｍ、前方
部を東に向ける前方後円墳で、墳丘の
規模は市尾墓山古墳の墳丘上段部とほ
ぼ同じ。後円部の北々西に全長11.6ｍ

市尾宮塚古墳の石室内部

の両袖式横穴式石室が開口する。この古墳の石室も市尾墓山古墳と同じく、長さの割に幅の狭い玄室で、二上山凝灰岩の刳抜式家形石棺が納められている。石棺の長辺に2個ずつある縄掛突起は墓山古墳のものよりも、やや角ばった形をしており、石室に用いられた石材も大きく、側壁5段、奥壁3段に積んでいる。高取町教育委員会の発掘調査で金銅装や銀装の大刀、金銅装馬具、金銅鈴、歩揺など豪華な副葬品が出土しており、市尾墓山古墳に続き、6世紀の前半に同一系列の首長墓として築造されたものとみられている。平地と丘陵上という二つの古墳の立地の違いが意味するところが気になるが、二つの古墳は古代の紀路を意識して造営されていることは明らかで、大型横穴式石室をもつ古墳時代後期の前方後円墳であり、許勢（巨勢）氏がその被葬者である可能性は高いといえよう。

市尾墓山古墳の北西（高取町田井庄98）には高取町教育委員会歴史研修センター（0744‐52‐4637）があり、考古資料の特別展開催時には見学できる。

墓山古墳の石室内部はガラス窓越しに見られるようになっていたが、石室内に発生したコケ・カビの対策のため、ガラス窓は現在、現在、遮断されている。

宮塚古墳の石室は石棺保護のため鉄柵越しに見学できる。

曽我川の西、大口峠に近い御所市稲宿の西南、丘陵上に新宮山古墳（県史跡）がある。

新宮山古墳　大型横穴式石室をもつ径25mの円墳。前方後円墳の可能性も

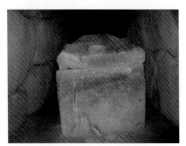

新宮山古墳の石室内部

残る。市尾墓山古墳以来、巨勢谷に営まれている横穴式石室は石室の長さが長く、天井がやや低いといった特徴をもっているが、新宮山古墳は南東に全長13.6mの両袖式の横穴式石室が開口している。使用石材は大きく、玄室は長さ6.1m、幅2.3mとやや細長い。奥壁に接して結晶片岩（緑

色片岩）を組み合わせた箱形石棺があり、その前に播磨竜山石製の刳抜式家形石棺が安置される。6世紀中頃から後半の築造とみられるが、家形石棺は7世紀の追葬の可能性がある。市尾宮山古墳から紀路（高野街道）を歩いても良いが、近鉄葛駅まで電車を利用してもよい。新宮山古墳の東にある安楽寺塔婆（重要文化財）は、鎌倉時代の三重塔初層だけが残ったもの。

　吉野口駅の東北、天ノ安川神社の境内には権現堂古墳（県史跡）がある。

権現堂古墳

　権現堂古墳　南に羨道をもつ右片袖の横穴式石室で、奥壁が破壊されており、玄室に納められた二上山凝灰岩製の刳抜式家形石棺が露出している。石棺の棺身内部に石枕が造り出されているのは珍しい。6世紀前半の築造とみられ、この古墳も長さ5.5m、幅2.5mと巨勢谷に特徴的な細長い玄室をもっている。権現堂古墳の西麓、近鉄吉野線とJR和歌山線に挟まれて巨勢寺塔跡（史跡）があり、塔基壇と塔心礎が残る。金堂は塔の西方に推定され、7世紀創建の巨勢氏の氏寺とされる。

　古代の紀路が通じる巨勢谷の最も奥まった位置に2基の円墳（水泥北古墳・水泥南古墳、史跡）が並んで築造されている。

　水泥古墳　古くから良く知られた古墳で、今木（大淀町）に近いことから、江戸時代には蘇我蝦夷・入鹿の「今来の双墓」ともみられていた。水泥塚穴古墳とも呼ばれる北古墳は、民家の裏庭に全長13.4mの大型横穴式石室が開口しており、巨石を用い、奥壁は1石2段積み、側壁は3、4石を3段にほぼ垂直に積み上げている。羨道は袖石の他は2段積する。石室の平面プランは

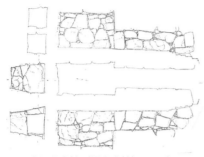

水泥北古墳（塚穴古墳）の石室

水泥南古墳の石室

茅原狐塚古墳（桜井市）と共通し、同設計である可能性が高い。築造時期は6世紀末頃とみられており、この時期になって、細長い独自の石室を営んでいた巨勢谷に盆地部と同じ大石室が営まれたことがわかる。羨道部から排水管として使われたらしい7世紀の玉縁付瓦製円筒が出土しているが、これは追葬時の改修とみられている。

北古墳から80mほど南、道路沿いにある南古墳は六葉単弁の花文（蓮華文？）の浮き彫りがある家形石棺があることで知られる。単に「水泥古墳」と呼ぶ時はこちらを指している場合が多い。石室全長は約15m、奥壁は1石2段、側壁は3、4石を3〜4段積みしている。羨道部は基本的に2段積みにしている。玄室部は塚穴古墳よりもひと回り小さく、羨道部が長い。玄室と羨道に1基ずつ刳抜式家形石棺を納めており、玄室のものは二上山凝灰岩、羨道のものは播磨竜山石を使っている。追葬された羨道にある石棺の蓋の前後（短辺）の縄掛突起に六弁の花文が彫られており、仏教文化が古墳に与えた影響例とされ、百済武寧王陵の花文との関連性も説かれるが、棺の飾金具にもみられる六花文につながるものではないだろうか。側面（長辺）の縄掛突起は、石棺の搬入時に削られ、小さくされた痕跡が残る。須恵器高杯、甕、台付甕、台付長頸壺や、羨道にある石棺内から金銅製耳飾り（金環）が出土しており、7世紀初頭に築造され、7世紀中頃に花文のある石棺の追葬が行われたとみられる。

※水泥塚穴古墳（北）は住宅内にあり、石室見学には御所市教育委員会文化財課を通じ、事前連絡が必要、保管されている古墳からの出土遺物も見学させてもらえる。

水泥北古墳の石室内部

水泥南古墳の石室内部

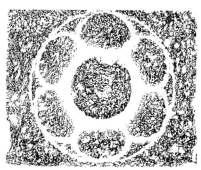

水泥南古噴石棺の花文拓影

VI
宇智と吉野の古墳
(1)宇智の古墳・(2)吉野川沿いの古墳

復元された五條猫塚古墳出土の金銅装冑 （本文 198 頁参照）

（1）宇智の古墳

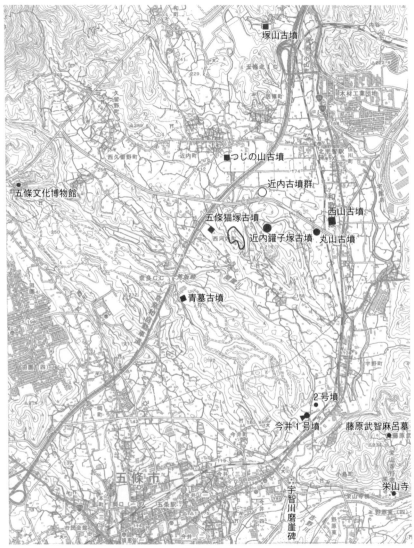

宇智の古墳

```
━━━━━━━━━━━ ●宇智探訪コース ━━━━━━━━━━
JR 北宇智駅→つじの山古墳→五條猫塚古墳→近内鑵子塚古墳→丸山古墳→西山古
墳→今井 1・2 号墳→〈宇智川磨崖碑・栄山寺〉→ JR 五条駅
```

　奈良県の中西部、吉野川に沿って位置する五條市は宇智郡に属し。紀州を経て、四国へと至る古代の紀路（奈良時代までの「南海道」）が通じる大和の西の玄関口である。葛城からの風の森峠、巨勢谷からの重阪峠を越えると、『万葉集』に詠われた「宇智大野」が広がる。奈良盆地の西南の出入口を押さえるように金剛山から延びた向山丘陵（近内丘陵）とその周辺には古墳時代中期の大型古墳が営まれている。これらは前方後円墳でなく、円墳と方墳であるのが特徴的で、この時期の大王陵群である大阪の古市古墳群や百舌鳥古墳群とほぼ同時期に築造されており、中期の大王陵と盛衰をともにした古墳群ということになる。『日本書紀』には百済王の請いによって遣わされたという「有至臣（内臣）」の名も見え、宇智の在地豪族とみられる有至臣は、中期（5 世紀）の大王のもとで、対外交渉の一端を担っていた武人であったようだ。

　JR 北宇智駅から西へ歩き、京奈和道をくぐり、北宇智保育所をすぎて、南に折れると、まず、つじの山古墳がある。

　つじの山古墳　一辺 52 mの方墳で、墳丘の東側に幅 20 m、長さ 5.5 mの造り出しをもつことが確認されており、周濠と外堤を備える。墳丘は 2 段築成で、葺石があり、埴輪とともに石見型の盾形木製立物が出土している。埴輪には須恵質のものもあり、築造時期は中期末（5 世紀末）とみられ、近内古墳群最後の首長墓となる。埋葬施

つじの山古墳

設は明らかでないが、緑色片岩（結晶片岩）の板石の出土が伝えられ、組合せ式の箱形石棺が推測される。古墳の北側を通る道は風の森峠から荒坂峠越へ通じる道で、この道の北約1kmには塚山古墳がある。

塚山古墳 5世紀中頃の一辺25mの方墳。箱形石棺とその副室に完備した甲冑一揃えや鹿角装剣など多くの鉄製武器や土錘、釣針などの漁具を副葬していた。つじの山古墳とこの古墳の二つは風の森峠からの交通路を意識して営まれているとみられる。

つじの山古墳から南に歩き、京奈和道の東側側道を行くと、西河内町交差点に出るが、この交差点の南100mに五條猫塚古墳（県史跡）がある。

五條猫塚古墳

五條猫塚古墳 一辺27mの5世紀中頃の方墳で、1957年、開墾に伴って多くの遺物が出土し、発掘調査が実施されている。埋葬施設は長さ5.7mの緑色片岩を積んだ竪穴石槨で、埴製枕を備え、珠文鏡や金銅装武具、鉄製武器の副葬があり、石槨外の東北に古代朝鮮の加耶地域の冑に通じる装飾性の高い金銅装蒙古鉢形眉庇付冑や新羅製品の金銅龍文透彫帯金具、鍛冶具などが副葬されていた。築造時期は5世紀中頃とみられている。

五條猫塚古墳の出土品は奈良国立博物館で収蔵されているが、常設展示はされていない。五條猫塚古墳の金銅装冑や帯金具の復元品、市内の古墳出土品は**市立五條文化博物館**（五條市北山町・五條駅北口からバス田園1丁目下車北へ1.5km・0747-24-2011）で展示されている。博物館へは西河内交差点からなら県道705号線を西へ歩き、北山大橋で南に折れると約2km。

今井1号墳から東へ宇智川を渡り、南へ歩くと、奈良時代の宇智川磨崖碑

（史跡）や国宝八角円堂で知られる栄山寺、背後の山頂に藤原武智麻呂墓（史跡）もある。国道から五条駅までバスも利用できる。

　西河内交差点から県道を東に歩き、道路下の近内町へ続く道を行くと、丘陵の最高所に近内古墳群がある。

　近内鑵子塚古墳　近内古墳群では最も古くに位置づけられる古墳で、五條市最大の規模をもつ直径85ｍの円墳。墳丘を横から見た形状が鍔のある湯沸かし、茶釜（鑵子）を連想させ、この名がついたらしい。2段築成で1段目が墓地になっている。墳丘には河原石の葺石があって、家形、盾形や 蓋 形埴輪をもってお

近内鑵子塚古墳

り、滑石製勾玉が採集されている。5世紀初頭の築造とみられ、埋葬施設は不明だが、かつては墳頂部に緑色片岩板石があったと伝え、組合せ式の箱形石棺であったらしい。東南にある近内6号墳は一辺15ｍの方墳で、箱形石棺をもっていたとされる。箱形石棺の使用は宇智の古墳に特徴的で、円筒棺（円筒形陶棺）を用いる近内1・2号墳や、埴輪転用棺を用いる近内7号墳などよりも上位とみられ、棺による階層性があったことがうかがえる。

　近内鑵子塚古墳から東へ歩き、住川町から、やや戻るかたちで県道705号線に出ると、丘陵の東裾、JR和歌山線の手前、道の南側に丸山古墳がある。

丸山古墳

　丸山古墳　径37ｍの円墳で周濠と外堤を備え、5世紀中頃〜後半の築造とみられる。さらに県道とJR和歌山線を隔

てて、コンクリート会社の北側に西山古墳（市史跡）がある。

西山古墳　一辺約54 mの方墳。周濠の痕跡が周囲に残り、箱形石棺材とみられる緑色片岩の板石が墳丘北側の祠付近に残る。近内鑵子塚古墳、丸山古墳に続いて5世紀後半に営まれたとみられる。つじの山古墳とほぼ同大で、共通した設計で造られている可能性も考えられている。

　国道24号線が現在の紀路である。三在町で葛城からの風の森峠、巨勢谷からの重阪峠からの道が合流し、五條市街へ下っていく。大和源氏の本拠でもあった宇野町、上今井のバス停を過ぎると、国道と並行するJR和歌山線の西側に五條市で唯一の前方後円墳である今井1号墳。その東北に2号墳（円墳）がある。

今井1号墳

今井1号墳　全長31 m。埋葬施設は緑色片岩を積み上げた2基の竪穴石槨で、細線式獣帯鏡（さいせんしきじゅうたいきょう）や鉄刀、多数の玉類が出土しており、前方部からは、短甲（たんこう）、衝角付冑（しょうかくつきかぶと）や鉄鏃などの武器武具を納めた副葬壙が見つかっている。5世紀後半、近内丸山古墳とほぼ同時期の築造とみられ、小なりとは言え前方後円墳という墳形をもつこの古墳の被葬者は中央と密接な関係をもった人物であったとみられている。

(2)　吉野川沿いの古墳

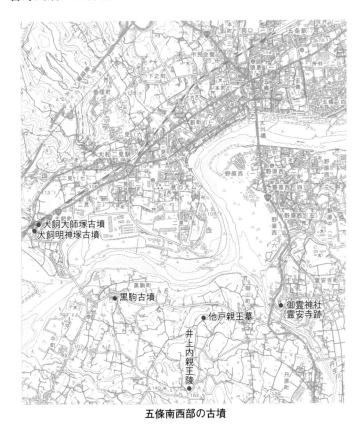

五條南西部の古墳

　吉野の「野」とは吉野川（紀ノ川）の両岸の河岸段丘を指し、古くは、この野が「好野」であって、古墳も吉野川とその河岸段丘を見下ろす両岸の尾根上に営まれている。

　吉野川の下流の宇智郡、五條市内をみると、中期に近内古墳群を営んだ旧勢力に替り、古墳時代後期（6世紀）には、吉野川左岸（南岸）に南阿田大塚山古墳（史跡）、黒駒古墳（市史跡）、コウモリ塚古墳、といった緑色片岩を用いた紀伊系の横穴式石室をもつ古墳が営まれ、片岩の板石を組み合わせた棺室を

もつ7世紀中頃の勘定山古墳をもって古墳の終焉をむかえる。上流の吉野郡の古墳は6世紀後半以後のものに限られ、紀伊型の石室や奈良盆地の石室と紀伊型の折衷型の石室をもつ円墳が小地域ごとに営まれている。吉野川沿いでは吉野町上市や国栖あたりまで横穴式石室をもつ古墳の存在が知られ、このあたりが吉野川沿いの古墳の東限になるようだ。

```
━━━━━━━━━━●五條南西部探訪コース━━━━━━━━
JR二見駅→犬飼大師塚古墳・犬飼明神塚古墳→黒駒古墳→〈井上内親王陵・他戸
親王墓〉→〈御霊神社・霊安寺跡〉→JR五条駅
```

　二見には関ケ原合戦の後、松倉重政の二見城があった。西へ歩くと、犬飼町で、国道の南に転宝輪寺がある。弘法大師空海が黒、白二匹の犬を連れた狩場明神（高野明神）に出会った地とされ、犬飼の地名もこれに因む。この寺の本堂裏には大師塚、明神社裏には明神塚の2基の円墳がある。

　犬飼大師塚古墳・犬飼明神塚古墳　大師塚からは玉纒大刀、四乳鏡や皮袋形須恵器の出土が知られる。明神塚古墳には八十八所霊場が設定されており、墳丘を巡ることができる。

　犬飼町から南へ吉野川を渡ると、黒駒町。黒駒町会館前の御霊神社（落杣神社）が祀られる丘陵東斜面に黒駒古墳（市史跡）がある。

　黒駒古墳　径10mの円墳で、全長6.4mの横穴式石室が南に開口している。石室は吉野川沿岸で採れる緑色片岩を積み上げ、玄室の奥壁と側壁は持ち送っており、袖部は板石を柱状に立て、突出させた疑似袖としている。和歌山の紀伊型石室（岩橋型石室）の影響がみられるが、石室の平面プランや、やや大きな片岩石材を積む手法などは大和の影響とみられる。

　玄室から須恵器（杯・高杯・台付長頸壺）、鉄鏃3点、鉄刀片が出土しており、須恵質陶棺が納められていたことがわかる。陶棺には「馬」の可能性があ

る線刻画が認められる。出土土器から6世紀後葉
に築造され、7世紀前葉に陶棺の追葬が行われた
と考えられている。

　黒駒町から東南に約1km歩くと**井上内親王陵**が
ある。井上内親王は聖武天皇の第一皇女で、光仁
天皇の皇后。宝亀3（772）年に光仁天皇を呪詛
したとして皇后を廃され、翌年には、その子、
他戸親王と共に宇智郡に幽閉され、宝亀6（775）
に親王と同日に死去し、その不自然な死から暗殺
説が出されている。死後、天災地変が続き、その
怨霊が恐れられ墓は御墓に改められた。
延暦19（800）年には皇后に復し、御墓
を山陵と追称している。井上内親王陵か
ら東へ歩き、北へ行くと、**他戸親王墓**が
ある。他戸親王は光仁天皇と井上内親王
との間に生まれ、宝亀2年に皇太子に立
てられたが、翌年、母の廃后とともに皇
太子を廃され、宝亀6（775）年に母と

黒駒古墳の石室

井上内親王陵

共に急死する。井上内親王と他戸親王の死は山部親王（桓武天皇）の立太子を
支持する藤原氏の陰謀である可能性が高いとされる。悲劇の母子の墓所である。

　丘を下り、御山町の国道168号線に出て、丹原の交差点から丹生川を渡る
と、東側の高台に**御霊神社**がある。宇智郡全域に祀られる御霊神社の本宮とさ
れ、井上内親王、早良親王、他戸親王を祀る。主祭神として祀られている平安
時代後期の一木造の女神像は井上内親王像で、本殿とともに県指定文化財。桓
武天皇創祀と伝え、神社東方の満願寺の南側には、神宮寺であった**霊安寺跡**が
ある。霊安寺の塔跡からは、伯牙弾琴鏡、双鳥八稜鏡、双鳥八花鏡などの奈良
時代鏡、銅椀、萬年通宝、隆平永宝が出土しており、9世紀初頭の創建がうか

がえる。

　北へ歩き大川橋で吉野川を渡れば、五條市内。五條新町の伊勢街道（紀州街道）沿いの町並みは重要伝統的建造物群保存地区。二見城主の松倉重政の町割りとされ、島原の乱の主因となった圧政、苛政で悪名高い松倉重政もここでは町を発展させた大恩人である。

●五條東部探訪コース

近鉄大阿太駅→〈大阿太古墳群・山代忌寸真作墓誌発見地〉→〈阿陀比売神社〉→
コウモリ塚古墳→南阿田大塚山古墳→近鉄大阿太駅

五條東部の古墳

　五條市の東部、吉野川沿いの地域は阿陁郷と呼ばれ「阿太の鵜鸕部」、「安太人の魚梁」など吉野川の漁撈と関連づけて語られ、『万葉集』には「阿陀大野」が詠われる。東阿田町の北側丘陵斜面と西阿田町、山田町の西方には径 10 m 前後の円墳が 20 数基存在する。

　大阿太古墳群　後期の 6 世紀代の古墳が多いとみられ、発掘調査された 13 号墳の埋葬施設は粘土槨で、須恵器、土師器の土器類の他、土製丸玉、滑石製紡錘車、鉄鏃、鉄斧が出土している。

　また、昭和 27（1952）年に**山代忌寸真作墓誌**（国宝）が当時、東阿田町にあった阿太小学校校舎の床下から発見されているが、明治時代の学校建設工事や第二次世界大戦中の開墾などによって付近から出土したものとみられ、本来の出土地は不明。墓誌から山代真作は文武天皇から 4 代の天皇に仕えた官人で河内国石川郡山代郷出身、戊辰年（神亀 5・728 年）11 月 25 日に卒し、妻の蚊屋忌寸秋庭が壬戌年（養老 6・722 年）6 月 14 日に卒去したことがわかり、夫婦合葬の墓誌となっている。小学校跡の東北に記念碑が立っている。

　原町の北にある阿陀比売神社は『延喜式』神名帳に記される式内社に比定される。阿陀比売命とその子、火須芹命、火火出見命（山幸彦）、火照命（海幸彦）を祭神とし、阿陀比売は木花開耶比売とする。江戸時代前期の本殿と摂社八阪神社社殿は五條市指定文化財。神社の南一帯は弥生時代の原遺跡。阿太小学校で吉野川を渡る。

　滝町の諏訪神社を東へ入ると、天福寺があり、この寺の西側山腹にコウモリ塚古墳の横穴式石室が開口している。

　コウモリ塚古墳（南阿太 4 号墳）径 10m ほどの円墳で、石室入口は花崗岩で新補している。緑色片岩を積み上げた全長 6.6m の両袖式横穴式石室で、大型の石材を下段に据えている。7 世紀前半の築造とみられている。

南阿田大塚山古墳

南阿田大塚山古墳の石室内部

吉野川沿いに県道39号線を上流へ歩くと、南阿田町と八田町との境界付近の山側に南阿田大塚山古墳（史跡）への道を示す案内板がある。

南阿田大塚山古墳　丘陵上に造られた全長30mの前方部の短い帆立貝形前方後円墳で、後円部に南東に開口する全長約9mの両袖式横穴式石室をもっている。石室は緑色片岩の板石を持ち送って積み上げており、八の字形に開く羨道床面は玄室床よりも一段高く、古い横穴式石室の特徴をもっている。剣菱形杏葉などの馬具、挂甲、鉄斧、鉄鏃、刀子、玉類などの他、羨道部から供献のための須恵器、土師器類が出土している。馬や鹿などの動物装飾付須恵器

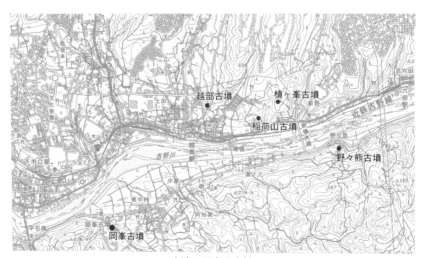

大淀・下市の古墳

は紀ノ川下流域とのつながりをうかがわせ、鉄製釣針の出土は漁撈との関りを示し、6世紀初頭の阿太の首長墓とみられる。

●大淀・下市探訪コース

近鉄六田駅→槙ヶ峯古墳→稲荷山古墳→岡峯古墳→近鉄下市口駅

　六田(むだ)駅から国道169号線を西へ戻り、馬佐からの県道をくぐると大淀町新野(にの)。山側の墓地へ通じる急坂を登り、墓地を通り抜けた先に槙ケ峯古墳（町史跡）がある。

　槙ヶ峯古墳　径10mほどの小円墳で、横穴式石室の天井石の一部が抜き取られており、石室内がうかがえる。石室は緑色片岩を積み上げた全長7.5mほどの小型石室で、奥壁に棚状の板石（石棚）を設けているのが見える。こうした石棚は紀ノ川下流にある岩橋(いわせ)千塚古墳群（和歌山市）などに特徴的

槙ケ峰古墳

なもので、この石室の石棚もこうした紀伊型石室（岩橋型石室）の影響とみられる。出土遺物は知られていないが、6世紀末から7世紀初頭の築造とみられる。

　国道169号線をさらに西へ歩くと、山手に新野稲荷神社があり、その境内に稲荷山古墳の石室が開口している。

　稲荷山古墳　緑色片岩を積み上げた全長約5.2mの右片袖の横穴式石室で、

稲荷山古墳

羨道部と玄室部の高さは変わらず、羨道部の床が玄室よりも一段高く造っている。玄室最下段の石材を縦に並べているのが特徴で、吉野川沿いの林垣内古墳（吉野町上市）や野々熊古墳（下市町阿知賀）でも同様の構築法がみられることが指摘されている。

　越部から吉野川を渡り、南岸の県道を歩き、阿知賀駐在所から南に入った丘陵上、町営住宅の公園内に岡峯古墳（県史跡）がある。

　岡峯古墳　6世紀後半から末頃の築造とみられる径18ｍの円墳。西向きに開口する全長約6ｍの横穴式石室をもっている。石室は緑色片岩を積み上げており、奥壁に石棚を架け、その下には奥壁に沿って作り付けの箱形石棺を設けている。また、扉石で閉塞するための玄室と羨道の間を狭めた「玄室前道部」も設けるなど、紀伊型石室（岩橋型石室）の特徴を備えている。金銅装単鳳環頭大刀や銀象嵌のある金銅装黒漆塗大刀が出土している。中央から与えられた金銅装大刀はこの古墳の被葬者が吉野川沿岸の「口吉野」の統率を認められた証なのであろう。

岡峯古墳

岡峯古墳の石室

　岡峯古墳の対岸大淀町越部には越部古墳がある。

　越部古墳（越部1号墳）　石室全長8.3ｍの片袖式石室で、袖部は板石を突

出させた疑似袖ではあるが、平面形は盆地部の石室とあまり変わらない。岡峯古墳と同様の金銅装単鳳大刀柄頭が出土している。おそらくは6世紀後半に壷坂峠で盆地部と繋がる吉野川北岸の支配者と認められたのが、越部古墳の被葬者で、同時に南岸の支配者と認められたのが岡峯古墳の被葬者だとみてよいのだろう。また、吉野川南岸では岡峯古墳の2㎞ほど上流に野々熊古墳（町史跡）がある。

野々熊古墳　この古墳も緑色片岩を積み上げた横穴式石室をもち、袖部には板石を立てるが、突出させず、奈良盆地の石室と紀伊型の折衷型とみられている。岡峯古墳とほぼ同じ時期、6世紀後半から末頃の築造であるが、ここまで来ると、下流の和歌山よりも奈良盆地部との繋がりが深いようだ。石室の基底石を縦に置くこの古墳の石室構築法は、対岸の稲荷山古墳（大淀町新野）や林垣内古墳（吉野町上市）に影響を与えていると考えられている。

※岡峯古墳石室の入口は現在覆屋で閉じられており、見学には下市町教育委員会へ事前の申し込みが必要。越部古墳、野々熊古墳は埋め戻されている。

VII

宇陀と都祁の古墳

(1)宇陀の古墳・(2)都祁の古墳

復原整備された三陵墓西古墳 (本文 222 頁参照)

(1) 宇陀の古墳

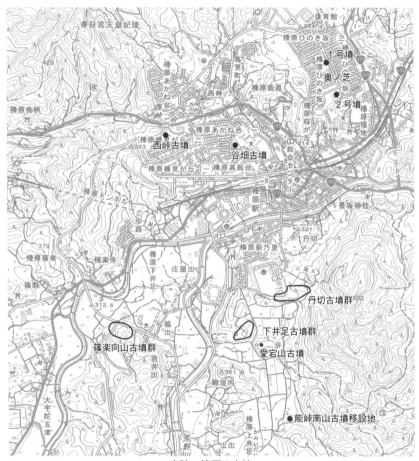

宇陀・榛原の古墳

┌───┐
●榛原・室生探訪コース

①近鉄榛原駅→谷畑古墳→西峠古墳→奥ノ芝1・2号墳→近鉄榛原駅

②近鉄室生口大野駅→向坊古墳→近鉄室生口大野駅
└───┘

　広い台地を意味するという「宇陀」の西部は「口宇陀」と呼ばれ、宇陀川流域の大宇陀盆地、芳野川流域の菟田野盆地、内牧川流域と三川が合流する榛原盆地から成り立ち、宇陀は伊賀、伊勢などの東海地方に通ずる東の玄関口として、大和盆地とは異なる独自の文化圏を形成していた。古墳時代前期まで宇陀の古墳は弥生時代の方形台状墓の延長上にあり、菟田野の見田大沢古墳群（史跡）は、古墳時代初期（3世紀後半）に位置づけられ、集団墓の中から古墳への移行を示している。前期後半(4世紀後半)には榛原に本格的な古墳が出現し、東国への交通路を確保するために、宇陀地方はこの時期に王権の傘下に組み込まれたことを物語っている。その後、宇陀地方では5世紀末頃から6世紀にかけて小古墳が増加し、小型前方後円墳が各地に営まれているが、地域全体を支配する100mを越える前方後円墳を営むような勢力はついに現れることがなかったようだ。

　榛原駅の北側、榛原小学校の西側の住宅地端、西峠に続く丘陵頂に谷畑古墳がある。

　谷畑古墳　径30mの円墳で、組み合わせ木棺を直葬し、棺内から内行花文鏡、石釧、筒形銅器、素環頭大刀、槍、剣、鉄製工具が出土している。前期後半（4世紀後半）宇陀地方における本格的な古墳であり、古墳の墳丘裾部には、この古墳の南にあった神木坂古墳群の2号墳と3号墳の石室が移築保存されている。また、住宅地の西、榛見が丘2丁目の「いのたに公園」内には100mほど西にあった西峠古墳が移築されている。

　西峠古墳　7世紀中頃の築造とみられる一辺8mの方墳。石室は全長4.39mで、溶結凝灰岩（室生火山岩・榛原石）を積み上げたもの。側壁は直線的に積んでいるが、石材がやや大きく揃ってはいない。

　榛原駅へ戻り、線路の北側を東に歩くと、「札の辻」の道標（文政11年・

214

西峠古墳

1828）があり、「右　いせ本かい道」「左　あをこ江みち」の分岐を示す。道標の西側が、本居宣長も宿泊した旅籠「あぶら屋」で、このあたりが伊勢街道の宿場町「萩原」の中心。青越え道をとって東へ歩き、榛原中学校の手前を北へ登ると、ひのき坂の住宅地。ひのき坂1丁目の「南公園」の奥に奥ノ芝2号墳があり、約150ｍほど北の「ひのき坂古墳公園」に1号墳（いずれも県史跡）がある。

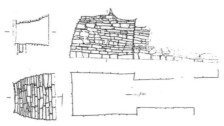

奥ノ芝2号墳の石室

奥ノ芝2号墳の石室内部

奥ノ芝1号墳・2号墳　鳥見山から南東にのびる福地丘陵上に営まれたいずれも径約10ｍの円墳。住宅地開発に伴い昭和46（1971）年に発掘調査が実施されている。いずれも南に開口する溶結凝灰岩（榛原石）の板石を小口積みした塼積石室をもっており、1号墳の石室が全長6.3ｍ、2号墳が全長7ｍとやや大きい。使用石材も2号墳の方が大きく、1号墳は側壁を直線的に積み上げているのに対して、2号墳の側壁は上部を持ち送って、やや曲線を描いて積み上げている。2号墳には板石を組み合せた箱形石棺が残る。発掘調査後、県史跡に指定され、保存が図られたのだが、1号墳は宅地開発業者によって恣意的に破壊され、現在、公園内にある1号墳の石室は再構築されたものである。石室の特徴をよくとらえた復元ではあるが、やはりオリジナルでないのが残念だ。本物は一度失うと二度と元には戻らない。

　奥ノ芝古墳群の北西約1kmにある南山古墳（榛原萩原）も磚積石室であるが、羨道部分はほとんど残っていない。石材の大きさが整っており、側壁は床から1.8mまで垂直に積んだ後、その上部を内傾させ屋根形にし、壁面に漆喰を塗るなど花山西塚古墳（桜井市）の石室との類似をみせる。また、榛生昇陽高校内の丹切33号墳（榛原下井足）の石室は奥壁、側壁とも持ち送りがみられ、奥ノ芝2号墳の石室に近く、やや古く位置づけられるようだ。丹切33号墳・奥ノ芝2号墳から西峠古墳・奥ノ芝1号墳、南山古墳といった変遷がうかがえる。

　こうした榛原石の板石を積み上げた石室は、石材の産地に近い桜井市東部から宇陀市にかけて「古東海道」とみられる青越伊勢街道に沿って存在し、7世紀中頃に集中して営まれており、「磚積石室」あるいは「磚槨式石室」と呼ばれている。磚槨墓というのは本来、中国の後漢から六朝、百済で用いられた焼き物であるレンガ（磚）を積み重ねてつくった墓室であって、磚槨墓と磚積石室の見た目からの類似から、すべてを渡来系の石室とみるには問題が多い。奥ノ芝1号墳、2号墳や丹切33号墳の石室石材は「磚状」には加工しておらず、板石組み合せ石棺を納めた宇陀地方特有の在地横穴式石室で、漆喰や加工石材を使用する花山西塚古墳や舞谷古墳など桜井市内にみられる磚積石室とは分けて考えるべきものと思われる。

　向坊古墳　近鉄室生口大野駅の北50mにあって、駅ホームからも石室の開口部が見える。石室は羨道部をうしなっているが、長方形や方形の溶結凝灰岩（榛原石・室生石）の割石を積み上げたもので、壁面が整っており、7世紀の中頃に位置づけられる。駅から近く、大野磨崖仏（史跡）や室生寺見学の際には忘れず見学したい。

向坊古墳の石室内部

216

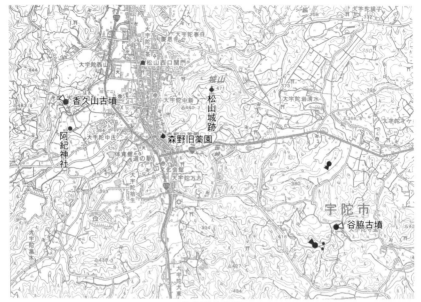

大宇陀の古墳

●大宇陀探訪コース

近鉄榛原駅→（バス）→香久山古墳→（バス）→谷脇古墳→〈宇陀松山の町並み〉
→近鉄榛原駅

　大宇陀高校前でバスを降り、西へ歩くと旧山岡家住宅を利用した禅寺の松源
院。その境内裏山に香久山古墳がある。

　香久山古墳　全長約42mの前方後円墳とみられ、宇陀最大規模の巨石（全
長9.6m）を用いた横穴式石室をもっている。花園大学考古学研究室の調査に
よって、須恵器、土師器の供献土器類の他、鉄鏃、鉄斧、刀子、鉄鎌が出土し
ており、6世紀後半の築造とみられている。寺の南には、阿紀神社があり、一

帯が『万葉集』に詠われた「阿騎野」とされ、「かぎろいの丘」と名付けられた万葉公園がある。

　　谷脇古墳（県史跡）　径16mの円墳で、奥行2.5mに対し幅が3.5mという両袖をもった横長の玄室「T字形石室」をもっており、壁面は四方から強く持ち送り、天井石は1石としている。蓋石を失った組合せ式石棺が石室に直交して置かれ、須恵器の他に耳環が出土している。築造は六世紀中頃とみられ、宇陀における横穴式石室では最も古く位置づけられる。

※「大宇陀道の駅」から谷脇古墳のある守道まで宇陀市バスがあるが、本数が少なく、東へ歩けば約2km（菟田野の宇太水分神社前からでも約2km）。阿騎野農産物加工場（旧守道小学校）から北へ歩き、次の角を西へ行くと、鶏舎横に谷脇古墳がある。帰途、宇陀松山の町並み（重要伝統的建造物群保存地区）、森野旧薬園（史跡）、宇陀松山城跡なども見学したい。

谷脇古墳

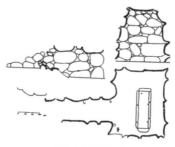

谷脇古墳の石室

━━━━━━●菟田野探訪コース━━━━━━

近鉄榛原駅→（バス）→〈駒帰廃寺〉→**不動塚1号墳**→〈宇太水分神社〉→見沢田
大沢古墳群→（バス）→近鉄榛原駅

※見田大沢から帰途は古市場まで戻っても良いが、西へ歩き県道31号線の藤井まで歩けば、榛原駅行のバスがある。

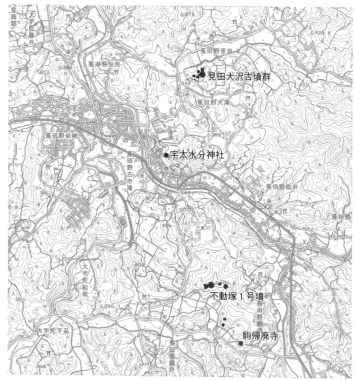

菟田野の古墳

〈**駒帰廃寺**〉　東吉野行バスを「宇賀志」で下車し、西へ歩くと駒帰の集落
へ通じる坂道が見える。坂道を登りつめると、駒帰廃寺跡（安楽寺跡、県史跡）
が整備されている。奈良時代初期の創建で、金堂跡と東方建物跡が残る。複弁
五弁軒丸瓦、葡萄唐草文軒平瓦や塼仏などが出土しており、丘陵南斜面に営ま
れた古代の「山寺」の遺跡として注目される。

　駒帰の西方が稲戸、刀鍛冶の祖という天国は当地の霊水で刀剣「小烏丸」を
造ったという伝説があり、八阪神社に「天国の井戸」がある。
　集落の東方の東西に延びる尾根を利用して不動塚1号墳が築造されている。

不動塚1号墳　全長約50m、前方部を西に向けた宇陀では最大の規模をもつ前方後円墳である。全長7.7mの右片袖の横穴式石室が南に開口し、玄室部に石室に直交して箱形石棺が置かれている。6世紀中頃の築造と

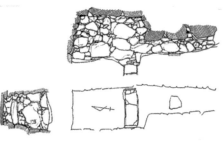

不動塚1号墳の石室

みられ、明治10年に金銅装環頭大刀の出土を伝えている。東側に円墳の**不動塚2号墳**があり、これも横穴式石室が開口している。

　稲戸から北へ道を下ると、約1kmで古市場の宇太水分神社に着く。

〈**宇太水分神社**〉　芳野川東岸に鎮座し、速秋津比古神、天水分神、国水分神の水分三座を祀る。鎌倉時代に建てられた本殿は国宝、本殿に向かって右側に、室町中期の末社春日神社本殿（重要文化財）と室町末期の末社宗像神社本殿（重要文化財）が並んで立つ。宇陀郡の総鎮守で水の配分を司る神を祀り、葛城水分神社、吉野水分神社、都祁水分神社とともに大和四水分神の一とされ、榛原下井足の宇太水分神社を下水分宮、当社は上水分宮とされた。

　水分神社から東北へ県道218号線を約800m歩くと、大沢と見田の境を流れる川の手前の丘陵上に見田大沢古墳群（史跡）がある。

見田大沢古墳群　4基の方墳（2〜5号墳）と方形の墳丘隅に張り出し部をもつ全長26mの「一隅突出型前方後円墳」（1号墳）からなり、4号墳の割竹形木棺には四獣鏡1面、玉類、鉄剣、ヤリガンナが副葬されており、2号墳の割竹形木棺には重圏櫛歯文鏡1面、玉類とヤリガンナが副葬されていた。出土土器から古墳時代初期（3世紀後半）の築造とされ、形状は弥生時代以来の方形台状墓であるものの、副葬品に鏡・玉・剣（鉄製品）を備えるといった優位性がみられ、集団墓から古墳への移行を示す墳墓群とされている

見田大沢古墳群と前に立てられた案内板

（2）都祁の古墳

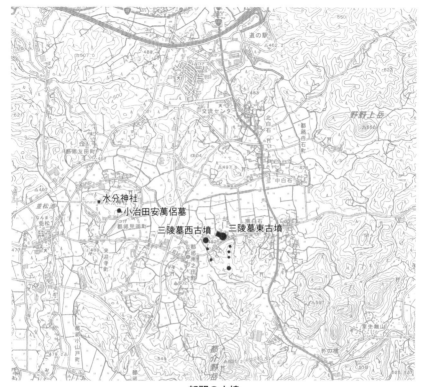

都祁の古墳

　奈良県の東部は標高 300 〜 500 ｍの大和高原地域で盆地部の「国中」に対し、「東山中」あるいは「山内」と呼ばれた。大和高原北部の柳生、田原などの小盆地には古墳時代後期の小円墳が営まれているが、最大の都祁盆地には中期古墳が存在し、古代に「闘鶏国」と呼ばれた地域的なまとまりをもったことがわかる。

　大和高原の中心地域である都祁盆地には三陵墓（県史跡）と呼ばれる３基の

古墳が存在する。

三陵墓東古墳

　三陵墓古墳　**東古墳**は後円部東裾が道路や人家の削平を受けているが、前方部を西に向けた大和高原最大の前方後円墳長（110 m）。である。大正元（1912）年に盗掘を受け、銅鏡 2 面、硬玉製勾玉、碧玉製管玉などの出土を伝えており、後円部の埋葬施設は粘土槨とみられている。1987、1988 年に保存整備に伴う調査が実施され、墳丘の葺石と円筒埴輪、朝顔形埴輪、家形埴輪の存在が確認されており、古墳時代中期（5 世紀後半）の築造とみられる。

　三陵墓の**西古墳**は東古墳の西にある直径約 40 m の円墳で、これも大和高原地域では最大級の規模をもっている。1951 年に奈良県教育委員会が行った都介野地区の総合文化財調査で発掘調査が実施され、1995 年には再調査が行われている。墳頂には円筒埴輪列が巡り、埋葬施設は長さ 8.4 m の割竹形木棺を粘土で覆った粘土槨で、鉄剣の他、ヤリガンナ、ノミ、斧、鎌などの工具類、琴柱形石製品（ことじがたせきせいひん）、管玉（くだたま）、臼玉（うすだま）などの玉類と竪櫛（たてぐし）が出土している。東側にも組み合せ式木棺の直葬が確認されており、この東埋葬施設では棺上に盾と槍を置き、棺内には靫（ゆぎ）、鉄鏃、臼玉の他、88 点もの竪櫛が副葬されていた。古墳は 5 世紀前半に築かれ、東側の追葬は 5 世紀中頃とされる。

　なお、三陵墓の**南古墳**は西古墳の道路を隔てた南側の丘陵にある径約 16 m の円墳で現在は茶畑となっている。周辺には他にも小円墳があり、市場古墳群と呼ばれている。

　都祁地域では、これまでのところ、前期までさかのぼる古墳は確認されておらず、5 世紀前半に三陵墓西古墳という大円墳が築かれ、後半に三陵墓東古墳という地域最大の前方後円墳が築かれる。笠間越（かさまごえ）で伊賀名張に通じる古代の「都介山道」（つげのやまみち）は三陵墓付近を通っていたとみられ、王権にとっては古墳の築造

によってこの東国への道を確保することが重要だったとみられる。三陵墓古墳は、その規模からみて被葬者は中堅豪族クラスということになるが、これが『古事記』の記す「都祁直」なのであろう。『日本書紀』には都祁氷室の氷を天皇（大王）に献じたという「闘鶏大山主」が登場し、「闘鶏国造」はその後、允恭天皇の后となった忍坂大中姫への非礼により「稲置」の地位に落とされたとされる。三陵墓東古墳の築造を頂点として、その後は小円墳群しかみられない都祁地域の古墳の様相はこの闘鶏国造の衰退を反映しているのかもしれない。

※三陵墓古墳へは近鉄榛原駅から針インター行バスで「南之庄東口」下車西へ徒歩３分。東古墳・西古墳は史跡公園として整備されている。三陵墓の墳頂から西北に見える、甲岡には都祁水分神社があり、奈良時代の小治田安萬侶墓（国史跡）が営まれている。バス時刻を調べて見学したい。バスで名阪国道の針インターに出ると、天理駅行バスがあり、福住の氷室神社や氷室跡は天理までの間にあるが、バスの本数が少ないため、自動車利用であれば併せての見学が可能である。

おわりに

　古墳見学のポイントについては「はじめに」の中で何点か述べたが、ここではさらに見学にあたって注意すべきことをいくつか記しておきたい。また特に横穴式石室の見学について、押さえるべきポイントがいくつかあり、老婆心までに指摘しておく。

【見学上の注意】

◎　耕作地の畑や田を踏み荒らし、作物を痛めたり、立ち木を折ったりしないこと。

　　イノシシ除けの電気柵にも注意。害獣除けの山道の扉は開けたら、必ず閉めておくこと。

◎　古墳のすべてが公有地ではない。耕作者には声をかけ、立ち入りの承諾をもらおう。

　　古墳への通路も同じ。（事故や苦情があれば、県や市町村も古墳をフェンス柵で囲うことになり、自由に見学できなくなることになるので。マナーは守ろう。）

◎　古墳には、墳丘に埴輪片が落ちていることがあり、どこに落ちていたかによって、古墳のどこにどのような埴輪が立てられていたかがわかる。破片とは言え古墳の時期を知る上でも重要な資料であり、文化財なので、持ち帰らず、写真で記録しよう。寺跡の瓦片もそうだが、「記念にひとつ」というのは、占有離脱物横領、文化財の破壊につながることを知ってほしい。持って帰れるのは写真とメモだけ、地表面に落ちていた遺物を拾った場合は、所管する教育委員会文化財担当部署に届けよう。埋まっている埴輪を掘り出して持ち帰ると、これは盗掘、犯罪になる。

◎　確かめられたこと、気付いたことなんでもメモしよう。「野帳」と呼んで

いる3mm方眼が印刷された「SKETCH BOOK」（コクヨ セ－Y3）が、略図が書きやすいので、研究者は、よく使っている（緑色の厚い表紙がついており、胸ポケットに入り、野外での使用に適している。文房具屋さんにある。）

◎ コンベックス（小型のケース内に巻き込まれるようになっているスケール）や巻尺を持っていれば、正確に大きさが測れるが、自分の歩幅を知っていれば大きな墳丘も歩測でおおよそは測れる。磁石があれば方向もみておこう。

◎ その他（持ち物等） 弁当・水筒（付近にコンビニエンスストアや食堂が無い場合が多い）

懐中電灯（ヘッドランプ）

タオル（汗ふきにはハンカチより便利）

カメラ（メモ写真なので、簡単なデジタルカメラでOK）

ビニールふろしき（敷物にも雨ガッパ代りにも）

虫さされの薬、傷テープ

資料（地図・遺跡地図のコピー、墳丘図や石室図などのコピーなど）

◎ 家に帰れば、写真の整理と見学ノートを作ろう（あまり、日をおかず、記憶が鮮明なうちに整理しよう）。持って行った資料（地図・遺跡地図のコピー、墳丘図や石室図などのコピー）も切り貼りして、野帳のメモを整理してまとめて書いておこう。たまったノートこそが古墳見学で得られた財産。

【横穴式石室見学のツボ】

前期や中期の竪穴石槨（竪穴式石室）は棺の覆い、棺だけでいっぱい、中に人が入る余地などなく「室」とは呼び難い。古墳時代後期（6世紀頃）になると、埋葬施設に出入りできる石室（横穴式石室）が広まり、より多くの人々が古墳をつくるようになる。この開口した横穴式石室に入るのは、『古事記』のイザナギノミコトのように黄泉国を訪ねるわけで、ちょっとした探険、冒険心をくすぐる。最近は石室保存の問題や安全対策のこともあって、鉄扉がつけられ施錠されている石室も増えているが、石室にもぐり込み、見学（見物？）が大好きな人は多い。ただ石室に入り、写真を撮ってお終いにせず、安全第一

で、見るべきポイントをおさえて古墳見学の醍醐味を味わおう。

1　石室の大きさ（12 m を越えるか越えないか）

石室の大小は築造に費やされる労力から、その「大きさ」には葬られた人の権力や地位が反映していると考えられている。横穴式石室は羨道（せんどう・通路部分）と玄室（げんしつ・墓室部分）から成り立ち、玄室規模（長さと幅）で石室規模を比較する場合が多いが、全長が長くなれば、玄室も大きくなるわけで、全長が 12 m を越えるような石室は天井も高く、中へ入るとさすがに大きいと感じる。石室の長さは墳丘の大きさとも関わり、玄室が墳丘の中央にあれば、長さ 12 m の石室であれば、当然、墳丘の規模は 20 m 以上ということになる。群集墳と呼ばれる小古墳の墳丘は 10 ～ 15 m 程度のもので、石室全長も 10 m は、まず越えることはない。石室の長さが 12 m を越えるような石室をもつ古墳は、政権中枢を構成した人々の墓で、家形石棺（それも刳り抜き式）があれば、これはもう当時のトップクラスの人物の墓とみてよい。

2　石積

石材が大きく、少ない数で積まれたものが新しい。

古式の横穴式石室は板状の石を積み上げ、持ち送りにしてドーム状にしており、玄室の幅に対して奥行（長さ）が短いのが特徴的だが、6 世紀後半になると、大石室なら側壁 4 ～ 5 段に石材を積んでいる。蘇我馬子の墓かとも言われる石舞台古墳が 3 段積みで、7 世紀の飛鳥岩屋山古墳では 2 段積み、桜井艸墓古墳や平群西宮古墳は 1 石である。羨道部・奥壁・玄門上部（前壁）・天井石もそれぞれ何石使っているのか見て欲しい。（スケッチやメモしておけば、なお良い）

3　石材の加工技術の進歩

横穴式石室の構築は周辺で採取される自然石を積み上げているが、7 世紀になると、石材の表面を整え、平に仕上げたうえ、石材もきまった形に整えた「切石」が使われるようになる。大和では榛原石と呼ばれる溶結凝灰岩をブロック状に加工して積み上げた「磚積石室」も現れる。切石の石室には石材の目地などに漆喰が見られることもある。

○記録写真を撮るなら石室入口からと奥壁から入口を見たカットは必須

（写真は観察後に撮ろう。写真は観察結果の記録。写真ばかり撮っていると、何も見ていないことになる）

○石室だけでなく、墳丘も忘れずに見よう。円墳か方墳か。大きさはどのくらい（歩測でもおおよそわかる）。どんな場所に造られているのか（平坦地・斜面・尾根上・山裾）。

墳丘の背後、周囲はどうなっているのかも見ておこう。（背面の地形カット、堀割などが存在し、墳丘周囲に広い墓域をもつ古墳もある）

4 石室見学上の注意

・崩れかけた石室には安全のため入らないこと（生埋めになり、被葬者にならないように御用心）

・入口が狭く、這わなれれば入れないような石室には絶対一人で入らない

（石室が崩壊しなくても、出られなくなることがある）あくまで自己責任

・懐中電灯（ヘッドランプが便利）は必携、なるべく大きなもの

・遺跡地図で詳しい所在位置を事前に確認しておこう

（山の中では尋こうにも人がいない。山仕事をする人も少なくなった）

（奈良県遺跡地図は奈良県公式ホームページ www.pref.nara.jp で見ることができる）

・汚れても良い服装で行くこと。靴は絶対に汚れる。革靴は不向き

・夏季は虫（蜂と蚊）やヘビにも御注意　石室からコウモリが飛び出てくることもある

（コウモリは絶対に人にはぶつかってこない。山の中ではイノシシにも注意）

石室内にいる「古墳虫」と呼ばれることもある「カマドウマ」は無害

（ライトを当てると逃げてゆく。気持ち悪いと殺虫剤など撒いて、無駄な殺生はしないように）

さあ、古墳探訪にでかけよう！

主要古墳索引

大和古墳番付（著者作成）

古墳見立大相撲

蒙御免

大和古墳墓一覧

行司 西殿塚

五社神
宝來山　行燈山
司　佐紀陵山　佐紀石塚山　渋谷向山

見後

太安萬侶墓

東（右）

大關	桜井茶臼山
關脇	宇和那辺古墳
小結	東大寺山古墳
前頭	藤ノ木古墳
前頭	天神山古墳
前頭	赤坂天王山古墳
前頭	巣山古墳
前頭	文殊院西古墳
前頭	川合大塚山古墳
前頭	中山大塚
前頭	ヒシャゲ山
前頭	ホケノ山古墳
前頭	西山古墳
前頭	乙女山古墳
前頭	佐味田寶塚
前頭	島土塚
前頭	艸墓古墳
前頭	平林古墳
前頭	瓢箪山古墳
前頭	鶯塚
前頭	ムネサカ一号
前頭	谷首古墳
前頭	五條猫塚
前頭	黄金塚古墳
前頭	市尾墓山
前頭	ナガレ山
前頭	桜井公園二号
前頭	新庄屋敷山
前頭	新沢五〇〇号
前頭	新木山

西（左）

大關	室　大墓
關脇	五條野丸山古墳
小結	メスリ山古墳
前頭	新澤一二六号墳
前頭	黒塚古墳
前頭	牧野古墳
前頭	小那辺古墳
前頭	岩屋山古墳
前頭	島の山古墳
前頭	下池山
前頭	披上鑵子塚
前頭	鼉龍石塚
前頭	櫛山古墳
前頭	茅原大塚
前頭	新山古墳
前頭	勢野茶臼山
前頭	平群西宮古墳
前頭	二塚古墳
前頭	塩塚古墳
前頭	富雄丸山
前頭	越塚
前頭	コロコロ山
前頭	近内鑵子塚
前頭	花山西塚
前頭	珠城山
前頭	瓦塚一号
前頭	椿井宮山
前頭	磐余池之内
前頭	狐井城山
前頭	築山

行
五社神
行燈山

勧進元　箸墓古墳
差添元　石舞台古墳

世話人
高松塚
忍坂段ノ塚
野口皇ノ墓　石のカラト
マルコ山　キトラ　鳥谷口
東明神　中尾山　平野塚穴山
牽牛子塚　越塚御門　松山
鬼俎雪隠　益田岩船
龍田御坊山

頭取
大和古墳群
馬見丘陵古墳群
巨勢山古墳群
石光山古墳群

頭取
佐紀古墳群
近内古墳群
龍王山古墳群
新沢千塚

千穐萬歳大々叶々

図の引用一覧

纒向石塚古墳　　奈良県立橿原考古学研究所『纒向遺跡調査概報』1977

珠城山 2 号墳・1 号墳　　奈良県教育委員会『奈良県文化財調査報告書 3』1960

ホケノ山古墳　　奈良県立橿原考古学研究所『ホケノ山古墳調査概報』2001

箸墓古墳　　奈良県立橿原考古学研究所『大和前方後円墳集成』2001

箸墓古墳の特殊器台形埴輪と特殊壺　　陵墓課「資料紹介　大市墓の出土品」『書陵部
　　紀要 27』1976

茅原狐塚古墳の石室　　網干善教「大和三輪狐塚古墳について」『古代学 8-3』1959

下池山古墳　　奈良県立橿原考古学研究所『下池山古墳　中山大塚古墳調査概報』1997

西殿塚古墳　　奈良県立橿原考古学研究所『大和前方後円墳集成』2001

東殿塚古墳　　奈良県教育委員会『奈良県史跡名勝天然記念物調査報告 42』1981

中山大塚古墳　　奈良県教育委員会『奈良県史跡名勝天然記念物調査報告 42』1981

黒塚古墳　　奈良県立橿原考古学研究所『黒塚古墳』1998

行燈山古墳　　奈良県立橿原考古学研究所『大和前方後円墳集成』2001

櫛山古墳　　奈良県教育委員会『奈良県史跡名勝天然記念物調査報告 19』1961

龍王山古墳群分布図　　奈良県教育委員会『奈良県遺跡地図』1998

渋谷向山古墳　　奈良県立橿原考古学研究所『大和前方後円墳集成』2001

岬墓古墳の石室　　奈良県教育委員会『奈良県文化財調査報告書 39』1982

谷首古墳の石室　　桜井市教育委員会『阿部丘陵古墳群』1989

メスリ山古墳　　奈良県教育委員会『奈良県史跡名勝天然記念物調査報告 35』1977

秋殿南古墳の石室　　奈良県教育委員会『奈良県文化財調査報告書 39』1982

桜井茶臼山古墳　　奈良県立橿原考古学研究所『東アジアにおける初期都宮および王墓
　　の考古学的研究』2011

忍坂 8 号墳の石室　　奈良県教育委員会『奈良県史跡名勝天然記念物調査報告 34』1978

段ノ塚古墳　　白石太一郎「畿内における古墳の終末」『国立歴史博物館研究報告 1』1982

赤坂天王山古墳　　桜井市纒向学研究センター『赤坂天王山古墳群の研究』2010

赤坂天王山古墳の石室　　桜井市纒向学研究センター『赤坂天王山古墳群の研究』2010

ムネサカ古墳の石室　　奈良県教育委員会『奈良県文化財調査報告書 39』1982

杉山古墳　　奈良市教育委員会『史跡大安寺旧境内 I』1997

野神古墳の石槨と石棺　　奈良市『奈良市史　考古編』1968

五社神古墳　　奈良県立橿原考古学研究所『大和前方後円墳集成』2001

御陵山古墳・石塚山古墳・高塚古墳　　奈良県立橿原考古学研究所『大和前方後円墳集成』2001

234

御陵山古墳の埋葬施設の復元　　石田茂輔「梅原末治博士構想狭木寺間陵御所復元図」
　　『書陵部紀要19』1967

瓢箪山古墳　　奈良県立橿原考古学研究所『大和前方後円墳集成』2001

塩塚古墳　　奈良県立橿原考古学研究所『大和前方後円墳集成』2001

市庭古墳　　奈良国立文化財研究所『奈良国立文化財研究所年報1963』1964

コナベ古墳　　奈良市教育委員会『奈良市埋蔵文化財調査報告書　昭和54年度』1980

ウワナベ古墳　　奈良国立文化財研究所『平城宮発掘調査報告Ⅵ』1975

帯解黄金塚古墳の石室　　陵墓調査室「黄金塚陵墓参考地墳丘および石室内現況調査報
　　告」『書陵部紀要59』2008

東大寺山古墳出土の家形環頭　　東大寺山古墳研究会他『東大寺山古墳の研究』2010

西山古墳　　杣之内古墳研究会『杣之内古墳群の研究』2014

峯塚古墳　　杣之内古墳研究会『杣之内古墳群の研究』2014

峯塚古墳の石室　　杣之内古墳研究会『杣之内古墳群の研究』2014

西乗鞍古墳　　杣之内古墳研究会『杣之内古墳群の研究』2014

東乗鞍古墳　　杣之内古墳研究会『杣之内古墳群の研究』2014

石のカラト古墳の墓室　　奈良県教育委員会『奈良山-Ⅲ』1979

宝来山古墳　　奈良県立橿原考古学研究所『大和前方後円墳集成』2001

郡山新木山古墳　　奈良県立橿原考古学研究所『大和前方後円墳集成』2001

竹林寺古墳　　奈良県立橿原考古学研究所『大和前方後円墳集成』2001

西宮古墳　　平群町教育委員会『西宮古墳発掘調査概報』1995

西宮古墳の石室　　平群町教育委員会『西宮古墳発掘調査概報』1995

烏土塚古墳の石室　　奈良県教育委員会『奈良県史跡名勝天然記念物調査報告27』1972

藤ノ木古墳の石室　　奈良県立橿原考古学研究所『斑鳩藤ノ木古墳』1993

仏塚古墳の石室　　斑鳩町教育委員会『斑鳩仏塚古墳』1977

三室山2・3号墳　　村社仁史「三室山二・三号墳測量調査」『花園史学7』1986

川合大塚山古墳　　奈良県立橿原考古学研究所『大和前方後円墳集成』2001

島の山古墳　　奈良県立橿原考古学研究所『大和前方後円墳集成』2001

乙女山古墳　　奈良県立橿原考古学研究所『大和前方後円墳集成』2001

巣山古墳　　奈良県立橿原考古学研究所『大和前方後円墳集成』2001

家屋文鏡に表現された家　　堀口捨己「佐味田の鏡の家の図について」『古美術196』1948

牧野古墳の石室　　広陵町教育委員会『史跡　牧野古墳』1987

新木山古墳　　奈良県立橿原考古学研究所『大和前方後円墳集成』2001

新山古墳　　奈良県立橿原考古学研究所『大和前方後円墳集成』2001

新山古墳出土の直弧文鏡（拓影）　　　小島俊二『奈良県の考古学』1965

築山古墳　　奈良県立橿原考古学研究所『大和前方後円墳集成』2001

平林古墳　　當麻町教育委員会『當麻町文化財調査報告 3』1994

平林古墳の石室　　奈良県教育委員会『奈良県文化財報告 3』1960

二塚古墳　　奈良県教育委員会『奈良県文化財報告 21』1962

二塚古墳後円部の石室　　奈良県教育委員会『奈良県文化財報告 21』1962

寺口忍海古墳群分布図　　奈良県教育委員会『奈良県遺跡地図』1998

宮山古墳　　奈良県教育委員会『奈良県史跡名勝天然記念物調査報告 18』1959

宮山古墳の長持形石棺　　奈良県教育委員会『奈良県史跡名勝天然記念物調査報告 18』
　1959

宮山古墳の靫形埴輪　　奈良県教育委員会『奈良県史跡名勝天然記念物調査報告 18』1959

掖上鑵子塚古墳　　南葛城地域の古墳文化研究会
　　　　　　　　『奈良県御所市掖上鑵子塚古墳測量調査報告』1986

五条野丸山古墳　　奈良県立橿原考古学研究所『大和前方後円墳集成』2001

五条野丸山古墳の石室　　陵墓調査室「畝傍陵墓参考地石室内現況調査報告」『書陵部
　紀要 45』1994

石舞台古墳の石室　　奈良国立文化財研究所飛鳥資料館『明日香資料館案内』1975

都塚古墳の石室　　関西大学考古学研究室『関西大学考古学研究室年報 2』1968

平田梅山古墳　　奈良県立橿原考古学研究所『大和前方後円墳集成』2001

岩屋山古墳の石室　　奈良県教育委員会『奈良県文化財調査報告書 39』1982

真弓鑵子塚古墳の石室　　明日香村『明日香村史　上』1975

乾城古墳の石室　　高取町教育委員会『高取町の古墳』1976

新沢千塚古墳群分布図　　奈良県教育委員会『奈良県遺跡地図』1998

小谷古墳の石室　　白石太一郎他「橿原市小谷古墳の測量調査」『青陵 39』1978

沼山古墳の石室　　奈良県立橿原考古学研究所『奈良県文化財調査調査報告書 48』1965

市尾墓山古墳・市尾墓山古墳の石棺　　高取町教育委員会『高取町文化財報告 5』1984

水泥北古墳・水泥南古墳の石室　　奈良県教育委員会『奈良県文化財調査報告書 30』1978

南阿田大塚山古墳　　奈良県教育委員会『奈良県遺跡調査概報 1980 年度』1982

岡峯古墳の石室　　奈良県教育委員会『奈良県史跡名勝天然記念物調査報告 33』1977

奥ノ芝 2 号墳の石室　　奈良県教育委員会『奈良県文化財調査報告書 17』1972

谷脇古墳の石室　　奈良県教育委員会『奈良県文化財調査抄報 9』1956

不動塚 1 号墳の石室　　関西大学考古学研究室『宇陀の小型前方後円墳』1981

図版写真提供一覧 （以下に記載のないものはすべて筆者撮影）

5 頁　ホケノ山古墳の埋葬施設　　奈良県立橿原考古学研究所

8 頁　茅原大塚古墳出土の盾持人埴輪　　桜井市教育委員会

15 頁　下池山古墳の埋葬施設　　奈良県立橿原考古学研究所

16 頁　下池山古墳出土の内行花文鏡　　〃

17 頁　東殿塚古墳出土の埴輪　　天理市教育委員会

19 頁　中山大塚古墳の竪穴石槨　　奈良県立橿原考古学研究所

20 頁　黒塚古墳の竪穴石槨と出土した銅鏡　　〃

21 頁　黒塚古墳出土の銅鏡（レプリカ）　　〃

23 頁　天神山古墳主体部の発掘状況　　〃

31 頁　メスリ山古墳出土の大型埴輪　　奈良県立橿原考古学研究所附属博物館

35 頁　桜井茶臼山古墳の石槨内部　　奈良県立橿原考古学研究所

45 頁　佐紀古墳群東群　　奈良市教育委員会

47 頁　杉山古墳出土の家形埴輪　　〃

50 頁　鶯塚古墳　　〃

64 頁　黄金塚古墳墳丘周囲の石敷き　　〃

65 頁　ベンショ塚古墳　　〃

65 頁　ベンショ塚古墳出土の甲冑　　〃

77 頁　藤ノ木古墳の石室内部　　奈良県立橿原考古学研究所

80 頁　菅原東埴輪窯跡出土の埴輪　　奈良市教育委員会

82 頁　富雄丸山古墳墳丘復原図　　〃

82 頁　赤田横穴墓群 5 号墳の陶棺出土状況　　〃

85 頁　小泉大塚古墳の竪穴石槨　　奈良県立橿原考古学研究所

103 頁　池田 9 号墳出土の人物埴輪　　大和高田市教育委員会

107 頁　島の山古墳前方部の埋葬施設と腕輪形石製品の出土状況　　奈良県立橿原考古学研究所

108 頁　島の山古墳から出土した腕輪形石製品　　〃

110 頁　羽子田 1 号墳出土の牛形埴輪　　田原本町教育委員会

141 頁　屋敷山古墳の長持形石棺蓋　　葛城市歴史博物館（許諾）

161 頁　石舞台古墳（1975 年調査）　　奈良県立橿原考古学研究所

195 頁　復元された五條猫塚古墳出土の金銅装冑　　五條市教育委員会

あとがき

　我が国が、どのように形づくられてきたのかを知る手がかりは各地に残された古墳だと言える。

　考古学（Archaeology）はアルケ（歩け）オロジーと言われるように遺跡へ行くこと、その踏査から始まるとされる。若き日、今は亡き伊達宗泰先生の御著書『大和考古学散歩』を片手に大和の遺跡を訪ねたことが今も思い出される。奈良県内で発掘調査に携わり、古墳や遺跡について、仕事として関わってきたが、仕事を離れて、健康維持を兼ねたウォーキングを始めても、長年の性というべきか、足が向くのは、やはり古墳ということになり、考古学散歩になってしまう。それならばいっそ、ということで、県内の古墳を久しぶりに再訪してみることにした。大和の山野に残る古墳は今も無言、何を語らせることができるのか、諸先学の研究成果に導かれ、膨大な資料を前に、歩きまわって、「日暮れて道遠し」と唯々感じる。ただ、歩いてみると、いろいろ新しい発想も湧いてきて、古墳めぐりのおもしろさだけは再確認できた。

　奈良大和路を訪ねる方々は多くても、なかなか古墳を訪ねてみようという方は少ないように思う。古墳を見て回るには、歩いて回れるようなひとつの地域で見ていくと、歴史的にも理解しやすい。このため、これだけは見ておきたい古墳を地域ごとに紹介することとした。古墳や古代史に興味をお持ちの方々はもとより、いままで古墳や遺跡にご縁がなかった方々も、本書をきっかけにして、知れば知るほど、見れば見るほどおもしろい古墳めぐりの楽しみを味わっていただければ幸いである。

　最後に伊達宗泰先生や菅谷文則橿原考古学研究所前所長より受けた学恩、茂木雅博先生の日頃の御指導に感謝申し上げるとともに、奈良県立橿原考古学研究所、県内市町村教育委員会の皆さまに深い敬意と感謝をささげたい。また写真提供を承諾くださった梅原章一氏、本書出版にご理解いただき、種々お世話おかけした同成社編集部の方々、同社の佐藤涼子社長にも深く感謝申し上げる。

2020 年 9 月　　　　　　　　　　　　　　　　　　　森下惠介

大和の古墳を歩く

■著者略歴■

森下惠介（もりした　けいすけ）
1957年　奈良県に生まれる。
1979年3月　立命館大学文学部史学科卒業
元奈良市埋蔵文化財調査センター所長
現在　奈良県立橿原考古学研究所共同研究員
〈主要著書〉
『大安寺の歴史を探る』東方出版（2016）
『今昔　奈良名所』奈良新聞社（2017）
『吉野と大峰―山岳修験の考古学』東方出版（2020）

2020年11月15日発行

著　者　森下惠介
発行者　山脇由紀子
組　版　㈱富士デザイン
印　刷　亜細亜印刷㈱
製　本　協栄製本㈱

発行所　東京都千代田区飯田橋4-4-8
　　　　（〒102-0072）東京中央ビル
　　　　TEL　03-3239-1467　振替　00140-0-20618

㈱同成社